十年教育博客退思录

无尘淡淡香

梁荣◎著

中国言实出版社

图书在版编目（CIP）数据

无尘淡淡香：十年教育博客退思录 / 梁荣著 . --
北京：中国言实出版社，2016.9
　　ISBN 978-7-5171-1919-7

　　Ⅰ . ①无… Ⅱ . ①梁… Ⅲ . ①小学教育－文集 Ⅳ .
① G62-53

　　中国版本图书馆 CIP 数据核字 (2016) 第 132945 号

责任编辑：肖凤超
封面设计：略点设计

出版发行　　中国言实出版社
　　　　地　址：北京市朝阳区北苑路 180 号加利大厦 5 号楼 105 室
　　　　邮　编：100101
　　　　编辑部：北京市海淀区北太平庄路甲 1 号
　　　　邮　编：100088
　　　　电　话：64924853（总编室）64924716（发行部）
　　　　网　址：www.zgyscbs.cn
　　　　E-mail：zgyscbs@263.net
经　　销　　新华书店
印　　刷　　北京市华审彩色印刷厂
版　　次　　2016 年 9 月第 1 版　　2016 年 9 月第 1 次印刷
规　　格　　710 毫米 ×1000 毫米　　1/16　　14 印张
字　　数　　221 千字
定　　价　　36.00 元　ISBN 978-7-5171-1919-7

梁荣的价值，不只是阐释语文教师的幸福感

冉胜利

　　梁荣是我的学员，国培班的第一期学员。在2010年初，当时"国培计划"刚刚启动，陕西省小学教师培训中心承办的第一期语文骨干教师培训班里，梁荣作为咸阳市的教师参加了这次培训。当时对梁荣的印象是每次上课她都拎着一台笔记本电脑，闲话不多，专家在台上讲，她在下面"噼噼啪啪"地打，同步记录，随时分享给同学们。

　　省小教中心对这个班非常用心，我亲自做这个班的班主任。我们配备的专家阵容很豪华，如全国小语会的理事长崔峦，全国著名特级教师闫学，素读经典的发起者、现在被称为国宝的特级教师陈琴，华东师大的董蓓菲教授，都在这个为期10天的班上做过讲座。6年过去了，这个班的50个人绝大多数都成了省级教学能手，省级学科带头人，也有一部分成了特级教师，并建立了以自己的名字命名的陕西省"名师工作室"，梁荣便是其中一个。我参与过第九批特级教师的评选，看到过梁荣的资料，安静、翔实、滋润，来自一线、真爱语文、潜心思考，是我对她所有资料的综合性评价。

　　再后来我和梁荣会面是在上海师大。我和她都是教育部小学语文高端培训项目的学员，教育部的目标是要我们组成"三人行"的工作坊，带领陕西600名小学语文骨干教师以远程培训的方式做一些事情。陕西第一次去了15个学员，经过筛选，第二次只剩下6名学员，我和她都在里面。她是基层的代表，我是高校的专家，因为年龄，我自然成为他们的老大，梁荣最小，干活却是不少。总共为期半个月的学习研讨日程很紧，上海师大的王荣生教授、吴忠豪教授、李海林教授安排给我们的任务很繁重。因为没有经验可以借鉴，"三

人行"工作坊的计划、方案，都是我们一个字一个字研讨敲定的。我们6个人经常夜以继日地逐字逐句推敲，梁荣是意见和建议最多的那一个。在项目结束时，陕西的方案是作为这个项目的样板被点评的，我最感谢的就是梁荣他们的执着：干什么都要最好的结果。

现在，摆在我案头的是梁荣的书稿。连续一个礼拜，我都在读她的教学设计，读她的随笔，读她的成长，读她的心迹。在这个专家权威遍地、经验模式像变魔术一样多的时代，在这个一堆堆雕刻着花言巧语和豪言壮语但与教育常识相去甚远的充斥着文字垃圾的今天，我更渴望读到原始的、来自基层一线教师的声音与经验。当读到梁荣的书稿时，我仿佛看到了田野的花儿，听到了林子里的鸟鸣，嗅到了山谷里才有的空气的清新。读这部书稿，我能非常清晰地勾画出一个来自基层、现在还在基层的教师坚实而有力的步伐，业界同行也一定能读出自己可以借鉴和产生强烈共鸣的细节。

我理了一下。梁荣走到今天，凭的就是爱学生、爱语文，知道孩子要什么样的语文，还有，就是二十几年如一日坚持不懈地行走。我一直以为，好的老师做起来不易，因为，好教师是一体三面的，一定首先是个"仁者"——得爱孩子，爱这个职业；还得是个"智者"——得知道自己教什么，怎么教；更得是个"行者"——几十年如一日地不改初衷，任风雨飘摇，目标方向不变。

我第一次知道了她开始从教的地方居然是一所凋敝企业的破破烂烂的子校，通过文字的穿越，我看到了一个对教师职业无限热爱的梁荣，一个初心不改前行至今的梁荣。理想很丰满，但现实太骨感，硌得不少人走着走着就放弃了。时下流行的微信里，有一则"大树理论"不断被教师同行提起，说一棵小树要成长为一棵大树，有五个条件必须具备：够久的时间，一动不动的位置，深而广的根基，主干往上生长，追寻阳光的步伐。这五条，梁荣都具备了，小树自然成了大树。

无须细读，梁荣的文字很轻松，拉家常一样地说道自己的语文生活、教师生活、家庭生活。如果仔细品味，梁荣的文字告诉大家的却是这样一个事实：时时刻刻都装的是语文，我称之为"在状态"；每有所思，必第一时间写下来，哪怕深夜，我称之为"笔墨化"；不拘泥于自我探索，时常与大家过招，在各种会议上听得认真、说得真诚、想得细致，我称之为"勤交流"。书中有这样的一系列细节很打动人。她的赛教之路很坎坷，但她没有放弃，数十遍上百遍地琢磨着，一点一点地改；20世纪90年代得知小语界的名宿于永正老师来西安上课作报告，梁荣路盲一样地曲曲折折地自费去参加，回来后如醍醐灌顶，找到了适合自己语文教学的路子。在参加语文素养大赛的日子里，她和另一个语文大家——南京的孙双金的交流，以及她获得特等奖的荣誉，逐步奠定了梁荣的语文教学风格：教学生以语文，语言、文字、表达；育学生以语文，文化、意象、境界、情愫；前者显性线索呈现，后者隐性熏陶；把语文的鲜活与生命质感呈现出来，把语文的魅力展现出来。后来，我看到梁荣送教到乡下一所小学，那里的孩子们舍不得让她下课，我被感动了。这样的感动也有类似一例，全国著名特级教师吴正宪在长春上数学课，孩子们不愿意下课，执意还要吴正宪老师继续上下去。吴正宪是数学界的巨擘，陕西的梁荣也把语文上出了这样的魅力，我，作为她的老师，她的同行，她的朋友，除了感动与开心，还有了一种想法，希望更多的语文老师也和我一样，去了解梁荣。

　　是的，从这部书稿里，可以体味到梁荣的墨香、梁荣的声音、梁荣的经验。梁荣做得很幸福，很成功；所有愿意把教学做到这样界面的老师、尤其是青年老师，梁荣是很好的榜样和案例，是我们可以研究琢磨的样板。我们都可以做一个像梁荣一样的师者，只要我们愿意，共同"面朝语文"的无垠大海，就一定能生活在"春暖花开"的诗意世界。

冉胜利，陕西省小学教师培训中心副主任。

时间用在哪里，掌声就在哪里

马莹

认识梁荣是三年前的事。从未谋面的我们一起赴上海参加培训，见面几小时后我们便已成为似乎熟识多年的好友。在随后共同设计培训方案、展示方案过程中领略了她自己宣称的"风风火火的性格"，做什么事绝不优柔寡断、绝不拖泥带水，你随时随处都可感受到她的聪颖和豁达。我们彼此性格迥异，但总能一拍即合。之后虽有小聚却总因忙碌不得畅聊。但我始终觉得，她能从众多小学语文教师当中脱颖而出、成就斐然，一定有很多我还未曾了解的过人之处。

缘分所致，我终于有了进一步了解她的机会。前几日正在外地学习，突然接到她发来的QQ留言："亲爱的战友，博客整理后欲出版，麻烦大神给写个序呗。也不知道你有没有时间？然后一杯茶表示感谢。"我看后有些惊喜，有些忐忑。惊喜的是好友要出书了，忐忑的是怀疑自己是否有资格为人写序。一般人出书找人写序，会找大咖以锦上添花，而她找我，如此普通的一个理论工作者，足见她就是一个性情中人，应是出于朋友之间的信任。为此，我必须小心翼翼，不辜负这份信任。接下来的几日，我只是细细阅读她的博文，不敢轻易下笔……

或许是出于对朋友的成就与专业两方面的兴趣，翻开梁荣的博文，我首先找出了她当年获全国苏教版阅读教学大赛特等奖的教学实录。一口气读完由衷感叹：立意高远的目标定位、行云流水的教学过程、自然亲切又诗意盎然的语言……没有足够深的文学修养与教学功底，绝不能在很短的规定时间内完成如此完美的教学设计！自己多年在高校墙内徘徊，只懂得从书本和网络中搜索于永正、窦桂梅等名家的课例与成长故事让学生学习，却不懂得自己身边就有能够成为我们小学教育专业学生偶像的人。当我给学生们推荐梁容的课例与博客时，竟有一些按捺不住的得意与自豪。不出所料，学生们对梁荣老师表现出了特别的兴趣。因为偶像就在身边，他们对追求自己的职业理想增添了更多信心。我对他们讲：只有成为像梁老师一样的人，才能成为像梁老师一样优秀的老师。

为教痴迷　为爱痴狂

"与众不同的背后是无比寂寞的勤奋。"这是梁荣经常对年轻教师们讲的一句话。这句话恰恰可以用来描述她自己的专业成长历程。她的追随者问及她的成长过程时，她用了"痴迷、执着、思考"三个词来概括。

从梁荣博文的记述中可以看到，无论是她刚刚走上教坛，还是成为陕西省教学能手，甚至成为特级教师，她一直都对课堂有着教徒般的虔诚，对自己的教学效果有着极高的要求。为了把课上好，她可以不顾一切，通宵达旦地备课、全身心投入地上课，与同事满心欢喜地分享成功的喜悦……"然后，晕倒，开始打吊针"。读到这里，你会理解什么叫作"痴迷"。

痴迷，是热爱的外在表现。一个教师一旦能痴迷于教学，其对自己所教的学科、对学生的热爱就毋庸置疑。从其字里行间可以看到，梁荣是一个极为热爱语文的人。她认为，好的语文课存在三种境界："人在课中、课在人中，这是第一种佳境；人如其课、课如其人，这是第二种佳境；人即是课、课即是人，这是第三种佳境。境界越高，课的痕迹越淡，终至无痕。因此，课的最高境界乃是无课。"正是基于对学生和语文的热爱，她一直在追求自己语文课的境界，也在不断追求自身为人的境界。她说："说到底，语文是人的，只有全面而深刻地把握好人与语文的关系，语文才会喷射出缤纷的色彩、激荡起大千的气象。"

从梁荣博文所讲的故事中，我们随处可以看到她对学生的热爱。"片片青衣叶叶心，只为学生系。"为了让她的孩子们爱上阅读，她将与孩子们一起去图书馆看书作为对他们努力学习的奖励。"今天周日，到了和他们约好的日子了，孩子们在春日花朵的映衬下愈发可爱。他们或席地而坐，或驻足寻找，或面露微笑，或窃窃私语。我也拿起一本《谈新教育》品读起来：让书香溢满校园，就得有书的载体，建立自己的藏书阁，用活动来督促，用文化来感染，例如：你今天阅读了吗？生命不止，阅读不止……""虽然今天又不能上街买喜欢的漂亮衣服了，可和学生的约会让我的鼓励承诺兑现，让我的储存库又多了一些元素，让我们的竹子又长高了一节……"熟悉学校工作的人都知道小学老师的辛苦。从周一到周五、从早到晚都跟孩子们在一起。到了礼拜天，谁都想好好休息一下，与家人聚一聚，而她竟还是跟学生在一起。更为令人敬佩的是，她竟然满心欢喜，仿佛是自己得到了奖励！这不是痴狂是什么？

如灯人格　如竹人生

教师职业的神圣，正缘于其能够照亮受教育者的心灵。然而，并非所有的为人师者都能抱有如此信念、能够达到如此境界。在信仰缺失的今天，以此作为衡量教师的标准似乎有些过高，但真能达到这一标准的教师定会为人所敬仰。梁荣博文写道："生命人格，如雷如电自然极其美丽炫目，但你若想过对人类有益的生活，你得做灯。"她认为小学教师应该"敏锐，会洞察心灵"，"睿智，会洞悉人生"。她要做灯，用自己的智慧之光照亮学生的人生、照亮自己的孩子甚至周围人孩子的人生、照亮小语教坛上追随者的人生。她以如教徒般的虔诚对待自己的课堂与教学生活，就是希望能够发出最亮的光给学生，这里的学生包括她的教师学员。她发现"真正懂教育、愿意去学习、思考的小学教师为数太少"，并为此而担忧。她希望通过送教"给别人一份动力，传递一种精神，点燃一个梦想，更希望自己是给他人心灵家园盗来火种的'普罗米修斯'"，"用自我的成长经历鼓励听者"。她兢兢业业、乐此不疲地经营自己的"名师工作坊"。有多少年轻教师的心灵已经被她照亮，又有多少现在和未来能够受教于这些教师的孩子们的人生会被照亮？如此功德，不可思议！

梁荣讲："'为师之道'的'道'就是爱与智慧的有机结合。教师只有不断丰富自己的道德素养、文化素养，增长各种能力，才能树立起一个美好的形象，并且用美的形象、美的人格去感染学生、引导学生。"为使自己的光越来越亮，她一路孜孜不倦地汲取各方智慧：读书、写作、与智者交流……我们能读到她的学习笔记和心得，也能看到她与行内佼佼者交往过程中见贤思齐的渴望与浓浓友情。即便是到了可以"一览众山小"的今天，她依然对自己要求不断。她写《上善若水》，用水的精神对照自己，"从教20年，对学生爱如己出，对家长尊重和善，对工作不断进取，也顺手做了些小事，我缺什么呢？忍耐、宽容、糊涂、藏得住事儿。距离水，差很远很远。"她的精神一直在求索之中也在成长当中，对自己永不满足，永远在向上拔节……

享受教学　享受生命

"燃烧自己，照亮别人"这句形容教师人生的话，一直被曲解为做教师就要牺牲。但从梁荣的字里行间，你绝不会对她产生这样的印象。读她的博文，你看到的绝不是一个苦行僧，而是一只不断歌唱着她的快乐的幸福鸟。这是我读完此书以后，极为"羡慕忌妒恨"的地方。

我最羡慕她的，是她可以在教学工作中享受课堂、享受与孩子们在一起的时光。看学生演讲比赛，学生表现出色，"此时此刻，我已经不知道如何描述当时的场景了，只剩下拍红的巴掌，惊异的笑容和内心的欢喜"；上公开课，看到"孩子们的眼睛里充满了好奇、愉快，脸上洋溢着灿烂的笑容"，"忘了后面听课的老师，和孩子们一起朗读着、体会着、表演着、快乐着"；能够骄傲地说"'小脸发红、小眼发光、小手如林'是我最惬意的课堂"；与学生一起读文章，一起被作者感动到"哭得不能自已"。这些，不都是老师们最渴望的幸福吗？

我"嫉妒"她，是因为她能够把课上到当她说"下课了，孩子们"，"没有人离开，没有人起立，他们眼睛里写着不舍"，学生说"老师，您要是能留在这里多好啊"；"短暂的40分钟建立起的师生情"能够让孩子们"给我手里塞着小橘子、火龙果，一个小男孩趴在我耳边，悄悄地说：'老师，我今天没有什么好送给您的，两年后，您等着我，我一定考到咸阳市里读初中，这是我们的约定！'"……这样的幸福，有多少人经历过？！

我有点"恨"她，因为读完她的博文，我忽然感到自己的职业人生如此苍白和贫瘠。长年累月身心疲惫地搞课题、写论文，担心完不成科研任务；满足于不耽误学生的课、学生不逃我的课、课堂上多数学生不走神；校园中有学生跟自己打招呼，自己受宠若惊……不仅如此，她竟然还在博文中问：你在为师第几重？！

……

是啊！掩卷深思，吾等都应扪心自问：我在为师第几重？

马莹，陕西咸阳师范学院教育科学学院副院长，教育学博士。

目录

第一卷
聆听封存在文字里的声音

　　风雨肆虐，自然是不会让人愉悦的。幸而有理想的灯塔指引，纵然前路迷蒙，也能奋力向前。再苦再穷，也比待在原处哀叹的人幸运。他们纵然不动，也会被暴雨淋湿。而一直运动，身上热气腾腾，反而不易着凉受寒，会越来越结实。

其实，我并不贫穷

我，41 岁，站在平凡而神圣的讲台上已经整整 24 年。悄悄然，我和我的学生，如一朵茉莉浸润在万千滴洁净的水中；岁月间，我们沉淀成一杯醇美、清冽的花茶。

1989 年，我懵懵懂懂地进入了中等师范学校。三年学习毕业后，只有 17 岁的我，成为咸阳南郊一所厂矿子弟学校的语文教师，同时，也成为 12 岁六年级学生的"姐姐"老师。

学校很小，仅有的三排瓦房是 1969 年国家支援大西北时建造的。"外面下大雨、里面下小雨、顶上老鼠跑、四周墙皮落"的六间教室，两间 6 人的办公室，被机器"霸占"着的不大的操场，就是学校全部。可是，初为人师的激动，让我笃定——这里就是远离喧嚣的"世外桃源"。走进教室，抬头可见屋顶竹席经纬的缝隙里长着蓬蒿，我给它命名"草堂"；耗子蹿过棚顶抖落尘土，啃食我刚写成的教案，我叫它"梁上君子"；墙面斑驳，可以肆意贴上学生的任何作品甚至涂鸦。不觉得自己和分配到城里学校的同学有什么差别，都是一张办公桌、一根粉笔、一本教科书。我骄傲地向梦想宣布：在这儿，有的是一双双清澈的双眸，一张张灿烂的笑脸，一阵阵琅琅的书声，还有弥漫四面八方的蓬蓬勃勃的希望。上课时，我享受在"上了年纪"的青砖地面上巡视，看这个书写，听那个背诵……下课后，我和 21 个"弟弟妹妹"弹琴唱歌、机器缝缝儿捉迷藏……记得一个连阴雨的秋季，时不时滴落的雨声，和着我们正在学习的儿童诗。此情此景，孩子们创作了诗句："这儿，是我的家／抬头能看见，顶上的砖瓦／雨滴在桌面落下／他们快活地弹着吉它／就像一朵朵快乐的小花……"记得一个艳阳天，学校里爱美的英语老师，打着一把伞批改作业，我诧异地问："今天不下雨呀？"她笑着回答说："我防老鼠虱子，你看——"说着她撩起衣角，一大片的红疙瘩。我就是这样，被学生感染着、被前辈引领着，扎根在贫穷的土壤里奋力向上生长。贫穷算得了什么？我每天拥有新学生、新课程、新理念、新课堂，还有全新的自我，我们是精神的贵族。

　　可是，现实总是很残酷。90年代末工厂倒闭，学校成了三不管地带，工资本就少得不好意思说出数字，那时按月发放也成了问题，我们面临着更加贫穷，甚至解散的困境，必须得自己养活自己。大家冒着风雪、顶着烈日，在周边挨家挨户发宣传单，除了用热爱、用课堂留住学生，还得节约开销，能不花的费用绝对不花。那个时期，我练就了各种技能——黑板刷漆、大门除锈、修理桌椅、铺平翘起的砖地、包住冻裂的水管、清扫厕所粪便、堵住暖气喷嘴，高空作业换白炽灯管……困境对于年轻来说，锤炼出了坦然和安宁。在课堂实践和默默的思考中，我将贫穷的日子过得有滋有味，读书、写作，没有任何纷杂的事情困扰。

　　风雨肆虐，自然是不会让人愉悦的。幸而有理想的灯塔指引，纵然前路迷蒙，也能奋力向前。再苦再穷，也比待在原处哀叹的人幸运。他们纵然不动，也会被暴雨淋湿。而一直运动，身上热气腾腾，反而不易着凉受寒，会越来越结实。

始终保持成长的姿势

从初为人师到站稳讲台，我仅仅用了一年时间。可是，想要有所斩获，取得认可却是一路跌跌撞撞，屡战屡败、屡败屡战。从企业学校、区、市比赛，到2011年省教学能手比赛，我用了近20年的时间。这20年，参加的大大小小的比赛不可计数，每一次的经历都让我有一点点成长。

1993年，刚送走了毕业班接了一年级，学校就推荐我参加企业学校教学能手比赛。我一遍遍向老教师讲述流程，一个字一个字练习板书、练习简笔画、朗诵，自以为那篇《要下雨了》被我演绎得声情并茂、热闹非凡，结果却不尽如人意，根本没有入围区级比赛。我不服气，再来一年，又来一年，每次都是和入围失之交臂。一次次跌倒让我静下心来思考，我到底缺少什么？那时候，办公室有一个车间里用来装零件的大铁柜子，里面很多用粗线装订好的教学杂志，例如《小学教学》《小学语文教师》等。赛课前我会把能用的教学设计或片段找出来模仿，赛后就弃之一边了。这一次，我沉下心来慢慢阅读并且记录、思考。渐渐的，原来看不明白的教学理论在咀嚼中变得津津有味，豁然开朗。有时候会情不自禁喊出"妙呀"，赶紧将字字句句记录下来，生怕灵光突然跑了一样。在蛰伏的那段日子里，一摞摞的笔记本上留下了曾经思考的轨迹。

1996年，听说小语泰斗于永正老师到西安讲课，我向学校请了假自己买票去听。那时候，交通还不方便，黑咕隆咚就出发辗转了几趟公交车才到。不管多困难，都抵不过粉丝见到

偶像的兴奋。不知从哪里来的胆子，我捧着于老师的著作《教海漫记》找他合影、签名，并表达了一个年轻小学语文老师渴望成长的追求。也不知道哪里打动了于老师，他从人群中走出来，在会场外请工作人员拍照，还叮嘱一定要寄到我的手里，还写下了赠言：只有自己发光，才不会留下阴影。就是这本书，开启了我阅读教育专著的大门，苏霍姆林斯基、斯霞、商友敬、王荣生、窦桂梅……一路"阅"来，我明白了，当阅读成为习惯，全身心投入其中，获得愉悦的同时，更获得了专业思考和人生启迪。接下来的赛课，因为有了积淀果然变得与众不同。《看图写话之不要捕蜻蜓》《坐井观天》《我爱故乡的杨梅》《井》堂堂公开课都是获得满堂彩，学生、听课者始终被精彩的教学活动所吸引，同忧同乐。因为那是简约的、充满了语文味的、流淌着自然的课堂，也是孩子们的舞台、乐园和对话场。同时，我也在语文教学道路上迈出了一步又一步。

2010 年 12 月，全国苏教版阅读教学大赛在南京拉开序幕。在往届的比赛中，陕西省选手从未获得过特等奖的名次。我开始经历一次又一次的磨砺、推翻、重建、再推翻，每时每刻都在重复着教学流程，吃饭、走路、睡觉，嘴里都魔怔一样，念念有词。比赛前，因为我的教练曹有凡老师参加政协会议，只剩下我独自背起行囊，只身前往。看着一个个选手背后都有一个强大的团队在作战，反反复复模拟课堂中的学情，我更是食不甘味、夜不能寐。孤军奋战吧，勇士！我不断激励自己。当《渔歌子》的朗诵回荡在上千人的会场，孩子们在"斜风细雨"中体味"烟波钓徒"寄情于山水间，整个会场安静得如春天的雨夜。孙双金老师点评，这是一堂"不须归"的诗词教学课，是当之无愧的特等奖。老父亲听闻，欣喜地在电话那头口占一绝："今夺桂冠自有缘，苦思勤研功在先。三尺讲台二十载，敬业传道再登攀。"教练也发来短信："欲戴皇冠，必承其重。"所以，我必须保持一种向上的姿势，这种姿势叫作成长。

用笔"耕"出一条路

　　我读师范的时候正值青春，常常为赋新词强说愁，写出的小诗、小文也常常在校园电台播送，可以倾吐、可以共情成为当时写作的动力。实习的时候，我用一学期时间写了一部青涩的小说《十七岁的烛光》，读者只有我的同学们。他们翻阅着厚厚的手稿，感慨这个疯子三更半夜突然爬起来写呀写，蜡烛烧到刘海，他们也在故事中找到自己的影子，一起憧憬烛光中站在讲台上的神圣。就这样，常常写，常常读，便养成了随时记录的习惯。

　　当我带着一群"小鸟儿"撒欢，每天教得快意酣畅，捂着一颗火苗乱窜、怦怦直跳的心，我登上了"不吐不快"的写作列车。看，几个小鬼闹事了，题目有了——《就这么一站》。听，课堂上那丫头哭了，思路来了——《想说爱你不容易》。瞧，习作不积极了，办法有了——《你给学生多大胆　学生就有多大产》。跟曹有凡老师去淳化润镇讲课，下课后孩子舍不得走，情感来了——《老师，您可以留在这里吗？》。越写越激动，写出来的"豆腐块"更是敝帚自珍。生活中细细碎碎的瞬间如月光一样来了，又会如晨雾一样散去。静夜里我能做的，就是在文字里追赶、挽留、凝望……因为，孩子们一句灵光熠熠的妙语，不记下来，会忘；脑海里临时闪现的绝妙点子，不记下来，会忘；那些无数磕碰后终于认可的经验，不记下来，也会忘，有时候忘记得如风后的小池塘，看不见当初的一点点涟漪。

　　写了很多，特别需要一块地方安放这些文字。2006年，我在新浪申请了教育教学博客，成为最早的元老博主，我给这块生长的"自留地"起名为——无尘淡淡香。边教边写，日有进益；边写边读，启悟颇多。十年，我坚持了十年的博客已经成为很多小学语文教师的朋友，点击率已经过百万。我也和陈琴、闫学、张祖庆、曾扬明、孙建锋、管建刚……成为早期的博友，见贤思齐，他们给我带来最深沉的思考。

　　不少教师认为，自己只是一线的普通教师，没有高深的理论修养，天天都在从事着单调而平凡的教学工作，把课堂管理好就行了，哪里有什么好写的！其实，教学争议、听课评课磨课、教学特色、突发事件……无所不能写。因为每天记录下一点点，每天就能进步一点点。手里就会有一支笔，一支生花的妙笔；脚下就会有一条路，一条通往远方的路。

"大篷车"载着城乡同一个梦

因为自己是贫瘠土壤里长出的仙人掌，所以面对比我还困苦、还渴求的乡村老师会感同身受，也从心底佩服战斗在教育薄弱地区的老师们。2008年到2012年，我参与了五年教育局组织的"阳光师训"，足迹遍布咸阳13个县区，送教送培近百场，听众累计近万人。同时，发现一个令人担忧的现状，真正懂教育，愿意去学习、思考的教师为数太少，常常是"年纪大的不愿意干，年纪轻的不会干"。所以，在周末、在寒暑假，我用我的话语权带给别人一份动力，传递一种精神，点燃一个梦想，更希望自己是给他人心灵家园盗来火种的"普罗米修斯"。无论条件多艰苦，每一次的讲课我都倾其所有，用自我的成长经历鼓励听者。记得有一次去彬县讲完《平静心 平凡事 平实做》，有位老师就在博客上留言：本打算听完报告去逛街，结束后直接去了书店。哪怕就这么一丁点的变化，我都欣喜不已。

2013年省教育厅"名师大篷车"出发了，我又一次身在其中。最远到达陕北定边、靖边、神木，到达渭南韩城、汉中洋县，到达铜川新区、延安黄陵……从《做幸福的跋涉者》《如何做好管教学的副校长》《校本研修微课题研究路径》《小升初作文训练营》到一节节现场示范课，诊断后立刻同课异构。一路的行走怎会仅仅带给他人力量？更是带给自己对专业知识的千锤万凿和职业幸福感。我们一起观课议课，我们和醉心于小语教学、醉心于学生阅读的众多伙伴们一起奔跑，一起挑灯夜战，一起播种智慧，一起收获喜悦，一起分享精彩。正如工作室宣言中，我们愿意是点亮一盏盏让人成长、使人优秀的灯，也许我们走得很慢，但是会一直向前。

雷电的一击，声音吓人光线炫目，但随即也就完事了。而一盏长明灯或许更持久些，对于人类更适用些。生命人格，如雷如电自然极其美丽炫目，但你若想过对于人类有益的义务，你得作灯。给我一盏七月的莲花灯，提着它，我去踏冬月的雪，一步一个脚印，踏到明春，听到冬阳的早晨……我依然是一个平凡的小学语文教师，我也试图给"小学女教师"这样特写：

无尘淡淡香

她应该细心而不絮叨，温婉而不柔媚；
她敏锐，会洞察心灵，
她睿智，会洞悉人生。
她是真诚的，所以课堂上才有平等的对话，
她是激情的，所以对话中才能碰撞出火花。
她朴实得如泥土——泥土也散发着清新，
她淡定得像骆驼——慢慢走吧，总会到达。

你在为师第几重

据说，有一天李叔同先生同弟子丰子恺谈人生，大意是：大千世界，犹如三层楼房，芸芸众生按等级分列在这三层楼上。第一层住的人最多，这些人都是为衣食住行而奔波忙碌；第二层住的人较少，除了为衣食住行操劳外，还有对文化、艺术的追求；第三层住的人最少，他们除了追求物质生活、文化艺术生活外，还要追求独立的思想、高雅的精神生活。

李叔同先生的人生三个层次值得人们咀嚼玩味，让人联想到了"教师三境界"。

第一种境界是当一个教书匠，满足于物质生活的需求，把教师当作一种职业，作为一种谋生手段。这样的教师，往往满足于现状，不思进取，做一天和尚撞一天钟，缺乏积极的创造创新精神，缺乏对工作的激情、对学生的深情、对生活的热情，缺乏探索精神。这样的教师一生忙碌，却是一个平庸的教师。

第二种境界是不满足于做一个"好好先生"，而是努力追求教学艺术，追求课堂教学的技巧技能，做一个好老师、名教师。这样的教师，时时努力丰富自己的文化内涵和知识底蕴，提升自己的文化素养。这样的教师，知识渊博，思维活跃，善于接受新事物、新理念、新成果，探索自我实现、自我完善的新途径。

第三种境界是追求独立思想，追求人生的卓越与辉煌，做学者型的教师，做教育专家、大家、名家。这样的教师，具有"捧着一颗心来，不带半根草去"的奉献精神，具有大教育观，有"学高为师，身正为范"的德艺双馨的大家风范，卓越的课堂艺术、卓尔不群智慧才华，精辟精湛的教学论著。生活在第三种境界的教师是无比高尚和无比幸福的，教书已成为他生命的体现，将教育过程当作艺术创新，再思考。

你在为师第几重？

无尘淡淡香

【评论】

在路上

曲高和寡，阳春白雪。独上高楼的人，未必能望断天涯路。走出象牙塔，不要超凡脱俗，而要入得了俗。李老先生的"三段论"是种精英论调，并不完全足取和令人赞同。而且我从骨子里反对那种俯视众生、自恃清高的所谓文化精英。我对诸如孔子、毛泽东、鲁迅这样的大家非常敬畏和尊崇，因为他们是博学之、慎思之、笃行之的模范代表，而不是躲进小楼成一统，管他冬夏与春秋，对世事不闻不问的大家。而历史上那种清高的钻进自己的小楼顾影自怜的所谓文化精英太多了，不足道。拿着劳动人民的俸禄而不为民请命和服务，即便登上了第三层，又有何用？还不如农民兄弟锄禾日当午，产他五斗米来得有用。淡淡香大可不必学他分几层或几段，只要自己坚持：一对得起良心，二称得上爱心，三的确很操心，就可以了。真正把为人民服务落实到举手投足之中……既要做精神上的贵族，也要做工作中的老黄牛。没那么简单，奋斗吧。

风轻轻吹

同意在路上的观点，为师十余年，若要说只是满足做一个缺乏激情和热情的教书匠，实在有些冤枉我。一直不满足，也一直在追求，曾经对青年教师们说：饱含激情，一定能上好你的每一节课！但是，究竟自我完善的何种境界，自我提升到何种水平，又实在不敢自夸；至于第三种境界更是需我仰视才见的。所以，良心加上操心加上尽心，我心足矣！

在路上

昨日匆匆看罢，乱评了一番，忽又觉得不妥。仔细想来，李先生谈的人生三层次，是在描述一种客观的生存状态，是一种结果论。如果谈境界，只有谈精神了，不能有物质基础作前提条件的。记得以前新闻报道过：兴平一捡破烂的老汉，曾遇到过4个被抛弃的婴儿，他们的父母因为种种原因遗弃了他们，而这个为了吃饱肚子而奔波的、处在第一层的捡破烂的老汉，却没有抛弃他们，而是用自己的爱心挽救了他们，并一直抚养他们成长。你说他的精神境界是第几层？他有没有因为自己的物质追求没达到——连养活自己都困难——而放弃自己的爱心？他的精神生活高雅不？他的思想独立不？不知道李老先生如果遇到弃婴该怎么办？是把他送到福利院，还是……只有精神有境界可分，有境界可谈，一个大师，只从结果划分"世界三"或"人生三"是没有意义的。如果一个人的精神追求不是独立于物质追求之外的，再高雅也摆脱不了物欲的奴隶身份和标签！作为知识分子追求的独立人格和高精神境界，不是有知识分子身份的人就能达到的！布鲁诺为了真理可以献身，朱自清可以不吃嗟来之食而宁愿饿死！何等的气节，何等的精神境界？！

回到淡淡香的教师三境界，倒是可以理解。不过，为师者，即便不是大师、大家，只要有爱心，尽心尽力地不懈努力和追求，一样可以把三尺讲台变成讲坛！

月光如水

看后感受颇深，不由得对照衡量，我到底又能达到几重呢？如今在教学上小有成绩，就被学校大肆宣传，稍微回家晚一会儿，年轻人就说：不愧是咱们学校的招牌老师。真的有这么好吗？有时自己觉得踏踏实实工作，也算无愧学生，现在看来也不过是只会取经的和尚，何谈思考和创新呢？惭愧！

守望麦田

第一次连评论一起看完，感慨颇多。我想，用不同的标准去分，就会有不同的境界。而每个人的标准可能会不一样。你用自己的标准看别人，有时候觉得比别人站得高；人家用自己的标准看你，觉得你在最底层。衡量老师的标准又是什么？是荣誉、名利、官职吗？我们嘴上否认这些，可心里又在追求这些。被评为特级教师的精神境界就一定比普通老师高吗？有一把无声也无言的尺子每时每刻都在衡量我们：学生的眼睛！如果我平凡，但愿对得起那一双双眼睛！

你得做灯

又是一年芳草绿。2016 年 3 月 11 日，近百名小学语文教师欢聚一堂，享受这段曼妙的阅读时光。大家在氤氲着淡淡离愁的《送别》中聊着北京城南的那些人、那些事；在影视评书中品味着三国人物；在两位主持人或深邃或清新的点评中，寻找小学语文课外阅读指导课的方向。四个小时，悄然而过，每个人都沉浸在无尽的阅读世界中……

读原著，我也可以

"那枪浑身上下，若舞梨花；遍体纷纷，如飘瑞雪。同学们，你能读懂梨花、瑞雪指的是什么呢？"这铿锵有力的声音来自咸阳市中华路小学的王瑞枝老师，她正带领六年级学生品读三国人物中的五虎上将之一的赵子龙。听者不禁质疑，《三国演义》原著对于很多小学老师来说，都算得上一部难以啃下的文学巨著，小学生怎么能够读懂呢？别急，听一听来自课堂的声音吧！

"在赵云的银枪上下，敌军的血如梨花，像瑞雪，可以看出任何骁勇善战的敌军都接近不了他，更伤不到怀里的阿斗。"

"梨花、瑞雪都是纷纷扬扬的，可见赵云身处重围。"

"梨花、瑞雪本是洁白的、美的事物，在这里却偏偏形容残酷的战争，可见罗贯中写作的功力。"

"刘备接过沾满血却毫发未损的阿斗扔到地上，狠狠骂道："为了你，险些损我一员大将，所以有一句歇后语：刘备摔孩子——收买人心。"

……

原著在那里是寂寞的，学生也是寂寞的，王老师巧妙地在两者之间建立了联结。她用自我的阅读体验帮助阅读"贫困生"，用阅读策略"比肖像、比语言、比战争、比赞词"化难为易。一回评书、一节影视、一段朗读、一阵思考后，学生不再畏难，阅读推荐不仅仅停留在知道故事情节的层面，而是在语言文字中慢慢咀嚼、细细揣摩。这敲开坚硬的核桃壳，让学生想要品尝果仁芳香的人，就是那盏灯，不耀眼，却总在身边。

共读，拥有彼此对接的"底色"

如果说王瑞枝老师的阅读推荐是大气磅礴的"滚滚东逝水"，那么咸阳空压学校郭春霞老师的阅读交流就是冬日里缓缓飘来的"童年驼铃"。第二节阅读课——《城南旧事》读书交流会从郭老师朗读序言开始：

"……我默默地想，慢慢地写。看见冬阳下的骆驼队走过来，听见缓缓悦耳的铃声，童年重临于我的心头。"

未成曲调先有情，一字一句总关情。整个教室里安静下来，仿佛回到了新中国成立前老北京的城南，回到了惠安馆，回到了那个夹竹桃落了的四合院。学生在人物长廊巡游，在凤仙花下欢笑，在茅草堆里紧张。师生共读后的交流，让彼此拥有了可以对接的"底色"。"抢着鸡毛掸子，咻咻追着打"的小英子父亲，儿时的小伙伴、大朋友，宋妈、蓝姨娘，如果没有读过的人，一定不知道在说谁，说什么。只有共读，师生才拥有了共同的读书密码。

一个画面、一个声音、一个眼神、一个动作，郭老师细致地将这本有着经典气质的童书，一遍一遍不断回读。她，也是那盏灯，不耀眼，却总在身边。

敢于吃螃蟹

两节阅读课后，你可想到，童年是一生的根，培养读书的兴趣与习惯要比测试重要太多。而阅读中的课外阅读课到底怎么上，少有课例，更鲜有成熟的课例，老师们都是在尝试中探索。期待更多的敢于吃螃蟹的人，乐于给学生创设最好的阅读环境的人，静静地和学生共读的人，热闹地和学生聊书的人。

好书与儿童之间并非天生相互吸引，是需要媒介的。推动儿童阅读工作，不仅仅是告诉策略和方法，而且自己的"仓库"里起码得"装备"百本适合儿童阅读的书。这个"装备"，不是听介绍买到手，而是一本一本慢慢细细阅读，有自己的阅读体验。引发孩子自觉的、带着思考的阅读，一起体悟书的妙处。

活动结束了，但愿我们的小学语文老师做灯，不耀眼，却总在身边。用好的东西做料，静默地燃烧，持久地发出光、发出热。如《城南旧事》中，给我一盏七月的莲花灯，提着它，我去踏冬月的雪，一步一个脚印，踏到明春，听到城南的深夜，听到冬阳的早晨……

仅有爱是不够的

古人说："亲其师，信其道"，现代诗人说："教育的力量，是给无助的心灵带来希望；给稚嫩的双手带来力量；给弯曲的脊梁带来挺拔；给迷蒙的眼睛带来澄明。"当我们这些做园丁的面对一棵棵幼苗的时候，是否准备好了？满腔的热情会让我们全心全意地爱每一个孩子，我们不知疲惫，鞠躬尽瘁会得到学生的爱戴。可是，为什么付出了这么多，爱得这么深，收获却不尽如人意？思考后得出：做一个好老师，仅有爱是不够的，缺少方法缺少智慧的爱是愚爱，只能面对"小山似的"作业从不抬头，只能面对"后进的"难前进的无奈。要做个学生青睐、传道有法的老师，我认为还应该具备以下能力：

一、尊重友善、公正幽默

不要低估了学生的洞察力和判断力，他们一样会在最短的时间内，看清楚你是不是真的发自内心喜欢孩子和教学，摸清你的脾气秉性，是否尊重课堂上的每一个人，并且轻松愉快，风趣幽默；是否能给他们除了课本以外的做事的方法、做人的道理；作业是否有机可乘，而不是一追到底；是否对优秀的和学习有困难的原则、态度一样？

吴潇璞说："今天老师对我说：'你也好！'还摸了我的头，还帮我系好红领巾呢。"

鱼焱说："老师从来不说自己小时候成绩多好多好，样样第一，还用她以前犯的错误教育我们。"

杨凯歌说："怎么刚上语文课就下课了？唉，又不能享受了。"

石观平说："老师每次上课前都要摆齐桌子、背诵古诗词，还要跟我们聊一会儿天。"

喻亚婷说："别看老师和我们玩的时候像个长不大的孩子，可是只要作业没完成休想逃过去，上次连班长忘了带作业，都一样受罚呢。"

所以，好的老师一定是有情趣的人，而不是一架教书的机器；对学生一定是尊重，而不是把他们当成记分簿上的一个号码；对学生的要求一定是看见努力，而不是要求超过了能力。

二、火眼金睛、七十二变

孙悟空当老师，至少有两个能力是可以发挥大用途的。"火眼金睛"能看清学生心里的想法，"七十二变"能集各种本领于一身。我们也需要练出一双慧眼，还需要在实践中学会娴熟地使用各种技能。

如果一个老师能从很小的细节上，准确识别学生今天学习的态度，准确体会今天生活的情绪，准确掌握眼睛之外他的表现，学生就会时刻提醒自己：老师一定看得见，可不能这样做！而且，会用眼睛告诉学生，决不唠唠叨叨，课堂上井井有条。不满、警告、严厉、生气、鼓励、期待、亲切都用眼睛快捷便当地告诉学生。

在课堂上，漂亮的简笔画会吸引住学生溜开的目光；声情并茂的朗诵会让学生身临其境；诙谐有趣的主持辩论、演讲会让学生思维机敏；充当各种角色的表演会让学生或开怀，或难过；优美的歌唱、动人的舞姿会让学生神清气爽，记忆深刻。具备技能愈多的老师，就愈发游刃有余。

三、勤动脑、有方法

只有勤动脑、勤思考的老师，看问题时才能一针见血，而不是隔靴搔痒；指导给学生的学习方法一定是事半功倍，而不是反复机械地训练。学生想：怎么忽然间顺利完成作业了，而没觉察到老师的指导？这个最佳境界的到来要求我们在付出爱心的同时，充分掌握爱的技术、爱的艺术、爱的效果。爱，要爱得有法，爱得得法，爱得顺法，爱得合法。怎样在具有爱心的前提下，采用最有效的方法呢？只有苦思冥想、寻寻觅觅，找到每一把锁的智慧钥匙。

由此可知，"为师之道"爱是前提，是根本。更重要的还要用我们的智慧，采用恰当的方法，才能收到比较满意的效果。其实，"为师之道"的"道"就是爱与智慧的有机结合。教师只有不断丰富自己的道德素养、文化素养，增强各种能力，才能树立起一个美好的形象，并且用美的形象、美的人格去感染学生、引导学生。爱，永远是教育的精魂，爱使教育艺术独具魅力，闪烁人性的光辉。然而，请记住：仅有爱，是不够的……

小草也"灿烂"

每个班级里都会有德才兼优、光彩绚烂的"鲜花",被老师们垂青、被同学们羡慕、被家长们喜爱。而那些学习有困难、行为有缺点的"小草",甚至有些被称为"杂草"的后进生,得到的却是老师的批评、同学的歧视、家长的责骂。这样的生态环境只能让那些"小草"在自卑中放弃希望,在周而复始的错误中黯然枯萎。其实,他们更需要加倍护理和培养。如果尝试用真心呵护、细心发现、耐心除虫、恒心浇灌,"小草"也会如同"鲜花"一样夺目灿烂。

第一步　给予阳光给温暖

后进生中有的属于"学业不良型",有的属于"表现不良型"。论"学业",他们不会比爱迪生小时候还差,论"表现",他们更不可与"犯人"相提并论。面对极具可塑性的学生,如果我们总是冷脸、冷言、冷眼,怎么会换来他们生机盎然的学习兴趣?冷脸胜似寒风,只有微笑是阳光。亲切的微笑和亲切的话语是由内至外真情流露出来的无限关爱,是在课堂上架起一座情感交流的桥梁,能让学生在愉快的气氛中畅饮知识的乳浆。

刘语总是记不住字形,听写的时候错误很多,可是他有一副金嗓子,唱起歌来声情并茂。我对他说:"来,小歌星,你把这些难记住的字编成歌词给大家唱出来。嗬!原来你不仅唱得好,写歌词也是一把好手呢,老师可比不过你!"

陈亮上课的时候总是跑神,我趁他溜号的时候用他造句、作文章。"乌鸦有反哺之情,我们对自己的父母亲要会表达感恩之意。老师那天在街上看见陈亮,他手里拿着一串新买的诱人的冰糖葫芦,他的第一个动作是塞进妈妈的嘴里。"听见自己的名字和自己的事情,他一下坐得端端正正,脸上浮现出不好意思的笑容,眼睛再也没离开过我的目光。

这种阳光般的温暖来自于老师的豁达与宽容，耐心与冷静，诙谐与机智。

第二步　捉虫施肥找症结

就像不幸的家庭各有各的不幸一样，后进生的困难表现得也各有不同。有了如沐春风的温暖，在平时的教学中，就得通过细致地观察发现，分析不同"小草"中的不同"病虫害"，对症给药。在这个过程中，不是只简单地来一个"鼓鼓掌"或是一句"有进步"了事。为什么"鼓掌"呢？"有进步"在什么地方呢？只有使旁观者觉得言之有理，受教育者觉得你言之有物、言之有情，才能出现我们期待的"教育疗效"。

期中考试我出的作文题目是《我的妈妈》，罗文交了白卷，并且把"妈妈"两个字用钢笔狠狠地涂抹掉。忍住怒火，询问情况。原来他没有享受过母爱，难怪他性格孤僻、作业拖拉。带着沉重的心情走进教室，我向罗文道歉，并对他说："你还有妈妈，愿意关注着你，关心着你，看着你快乐健康地生活，看着你一天天茁壮成长起来。那个人就是我！"我和他的眼睛里，都是满满的泪水。后来有个学生在日记中写了这件事情，题目是《感人的一幕》。医治他的"病虫"，需要的是和风细雨的关心和督促。

其他的办法还有：小步走，放大镜看闪光，自己填写作业跟踪记录，给以力所能及的任务，限定完成时间，等等。惊蛰的是春雷，化雨的才是春风，只有充满爱的"肥料"才能让"草儿们"重新挺起腰杆。

第三步　雨露滋润盼成长

后进生的转变不是一蹴而就的，需要我们"不转变不罢休"的决心和意志，而不是像江湖医生，开个处方便撒手不管。雕刻一座石像尚需很长的时间，更何况是塑造人的灵魂。时时关注发展，及时调整方案，有春燕衔泥的"勤、艰辛、恒心"就能滋润后进生的心田。在这个过程中，一般要经历醒悟、转变、反复、稳定四个阶段。故态复萌，多次反复，都是一种正常现象，只有用满腔热情反复抓，抓反复，不达目的不罢休。孩子的心是清纯的，老师一个期望的眼神、一个赞许的微笑、一个鼓舞的手势、一句关心的话语都是甘甜的雨露，孜孜不倦、锲而不舍的滋润，必然会盼来成长的脚步。

总之，我们的教育并非只是为了制造伟人精英，更多的学生是普通劳动

者，还有些需要引导的后进者，给予其前进的力量，给予其自信，可能比仅仅获取多一点知识更为重要吧！所以，摒弃偏见，让爱的阳光温暖心灵，让爱的雨露滋润成长，小草会和鲜花一样光彩灿烂！

你给学生多大胆 学生就有多大产

昨天和同事交流教学点滴，同事说他们班的美文朗读比赛正在如火如荼地进行，学生们把《匆匆》读得若有所思，《再别康桥》亦读得有滋有味。正巧，下午进行口语交际：一次即席演讲。放学的时候我做了安排，2 名主持人，8 名小组代表，其他学生均可以 PK 主持人、演讲者。只有一晚上的准备时间，我没指望孩子们会有什么精彩的表现。

今天早晨第一节就是语文课，没来得及和这些选手做任何交流，也没顾上做个场外指导，就上了讲台。"今天，老师把讲台让出来给你们。心有多大，舞台就有多大，希望你们在这个小小的舞台上展现你的出色，你的魅力，你的精彩！"

讲台上却出现了 4 个人，2 个男孩，2 个女孩。原来这些小家伙自己做了策划，除了我指定的以外，另增了新生力量，并且告诉我这样的组合才符合央视春晚的搭配结构、才有重量级，我开始刮目。

集体问好，一人一句介绍演讲内容、演讲比赛规则，介绍选手，各个环节像模像样，李珂居然还有新节目：最后他们将请一个神秘嘉宾来给优胜者颁奖。我开始注目。8 名选手演讲的内容是："我最钦佩的一种行为，或者我最看不惯的行为。"每一名选手选的题材都让我不由得喝彩。

"这些来到我们农村乱征费用的人把钱财挥霍一空，到头来农民们哑巴吃黄连，我想大声告诉这些村民，拿起手里的法律武器，捍卫自己的正当权益！"

"只走一步就可以把垃圾扔进垃圾箱，你真的走不动了吗？"

"如今，女孩子霸道，我们这些男生们处处受欺负，最后她们还以眼泪换取范老师的同情，我真看不惯。"

最让我钦佩的还要算这几个主持人，他们不仅能对每一篇演讲做准确的点评，妙语连珠，而且还能贯穿整个赛场：

"听了二号选手的演讲，我们得到了不少启发。保护我们的绿色家园，

是你的责任，是我的责任，是他的责任，我们每一个人都有无法推卸的责任。我们就来看看三号选手将会带给我们什么样新的启迪。掌声有请！"

"欢迎六号选手闪亮登场！"

"七号选手的演讲说出我们男生敢怒不敢言的心声，现在我们就来看看八号女生的精彩表现！当然，这个精彩我不敢不说啊，嘿嘿！"

"有挑战这八位选手的吗？举起你勇敢的手！"

"你还等什么？把握机会，你才会赢得更多的机会！"我开始瞠目。

此时此刻，我已经不知道如何描述当时的场景了，只剩下拍红的巴掌，惊异的笑容和内心的欢喜。连学生邀请神秘嘉宾都没有听见，他们七手八脚地把我推上讲台，我环视了一圈，对可爱的孩子们说："老师想起一句话，'你给学生多大胆，学生就有多大产！'"

节节高

当小红花、小红旗、小红星泛滥的时候，六年级学生的热情已被"廉价的鼓励"耗尽了。这学期的一年级的一篇课文《春笋》——春笋一节一节又一节，向上向上再向上，让我忽然闪过一个念头：给学生们发"竹子节"。

当每个学生的名字出现在一片绿意浓浓的竹叶中时，他们兴奋而惊奇。"你们就像春天的笋芽，一场春雨就会长高一节，长到和竹叶相连的时候，梁老师就和你们一起上图书馆看书去！当然了，得到老师这一小节绿色的竹子可是要有出色的表现的，例如这次的周记和今天的演讲比赛获胜者。来！请杨秦和徐朝媛！"喝彩声伴着羡慕、决心，还有忘却的激情。

今天周日，到了和他们约好的日子了，孩子们在春日花朵的映衬下愈发可爱。他们或席地而坐，或驻足寻找，或面露微笑，或窃窃私语。我也拿起一本《谈新教育》品读起来：让书香溢满校园，就得有书的载体，建立自己的藏书阁，用活动来督促，用文化来感染，例如：你今天阅读了吗？生命不止，阅读不止……

虽然今天又不能上街买喜欢的漂亮衣服了，可和学生的约会让我的鼓励承诺兑现，让我的储存库又多了一些元素，让我们的竹子又长高了一节……

老师，您能留在这里吗？

阴雨绵绵的周六，清晨的秋风瑟瑟的。天还没有亮，我和教研室的曹有凡老师因支教下乡已经踏上去往淳化润镇的路途。不巧遇上堵车，想着那些早早等待的老师和孩子们，我们心急如焚。

站在淳化润镇小学的大门外时，已经10点多了。一眼就看见学生们在操场上做游戏，那种不借助任何器械、我小时候就会玩的"你们有个什么人呀？"的游戏，孩子们笑着闹着。我看着他们快乐的身影，听见广播里传来集合的声音，孩子们像小鸟一样钻进教室里去了，我这才回过神来。简单的5分钟和老师们见面认识后，我出现在那群"小鸟们"的面前。

他们清澈的眼睛眨也不眨地看着我，我也微笑着望着他们。"孩子们，刚才我走进校园的时候，看见大家在做游戏，让梁老师一下子回到了童年，真想和你们一起玩。本来让大家在休息的时候来上课，老师已经感到很不安，现在又让你们等了这么久，更感到不安了。也不知道大家是否能原谅老师的迟到，下课后能让老师也参与你们的游戏吗？"

坐在学生后面的听课老师们惊异这样的开场白，孩子们的笑声和他们的掌声混合在一起。"我们学习语文，每个人要长出一双会发现的眼睛，一对会倾听的耳朵，一张善于表达的口，加上一颗智慧的心灵就是老师要送给你们的第一个礼物：一个字，'聪慧'的'聪'，相信我们每个人都是最聪慧的，最棒的，我们就用这种愉快和自信来上一节语文课。"

孩子们的眼睛里充满了好奇、愉快，脸上洋溢着灿烂的笑容，我早已忘了后面听课的老师，和孩子们一起朗读着、体会着、表演着、快乐着。"小脸发红、小眼发光、小手如林"是我最惬意的课堂。

孩子们用不纯正的普通话学习朗读，很吃力，但是很执着。急促的"促"，地方音为"凑"，他们自己就一遍遍小声练习。最让我感动的是孩子们的淳朴和气度，我请上来一个勇敢的"小鹰"跟我表演飞行，她羞涩地跟在我后面展翅。表演完了，我把手搭在她的双肩上，谢谢她的出色表演。没想到，她很大方地向我敬了个标准的少先队礼，我竟然不知所措了。

一节课很快结束了。我说："下课了，孩子们。"没有人离开，没有人起立，他们的眼睛里写着不舍。"怎么？还有话要跟梁老师说吗？"

"老师，我可想像您那样朗读了，多好听呀，可是我们这里平常大家都说方言，老师讲课也是方言呢。"

"老师，您再给我们唱唱上课前的那首小毛驴吧。"

"老师，我们原谅你迟到，但是下课咱们要一起玩游戏。"

"老师，您要是能留在这里多好啊！"

最后一句话让我的笑容凝固在脸上。是啊，我能留在这里吗？为了那些清澈的眼睛，我能在这里驻留吗？我不敢回答。

无尘淡淡香

这是我们的约定

初秋的周末，"名师大篷车"送教活动又一次出发。首发阵容中，小学语文是"锵锵三人行"。曹有凡老师是咸阳众多小语教师心中的大姐大，学术高屋建瓴，为人谦逊低调；陈阿莉老师是渭城一颗璀璨的明星，如日中天，一切来自于她超人的付出和毅力；而我，一直跟随、同行，做自己醉心而享受的事情。

咸阳长武，2009年第一次阳光师训到达的热土，我、昭仁中心校的老师和学生们完全沉浸在重逢的喜悦中。时隔6年，再一次到达，剡小惠老师紧紧拉住我的手，"你来啦！"无须多言。

第一天下午，我们一行来到长武洪家希望小学。在我的感知里，希望小学大都地处偏僻、学生少得得用复式教学，老师可能就是村里留守的老头或者夫妻，守住最后在农村的娃娃。可是，到了掩映在红彤彤苹果满树的果园里的洪家希望小学，却是豁然开朗。我们到的时候刚巧赶上课间大活动，到处是奔跑的身姿，到处是阳光般的笑声。想起冰心的话，只拣儿童多处行，是永远不会找不到春天的。走进教室听课，漂亮年轻的老师热情大方、娃娃们积极努力。和我坐同桌的小男孩，脸蛋上遗留着冬日风吹的斑点，衣服一看就是穿了很久不曾换过。但是，那坚定的目光、专注的眼神、劲道的书写让我心生敬佩。下课后，我想和刚跑出来的一年级学生合影，任课老师连忙给娃拉拉链、擦鼻涕，歉意地说，这的娃没有城里娃干净漂亮。可在我的眼里，城里娃很多是大棚里的黄瓜，捧着宠着，早没有了风雨的锤炼，自然也没有了原先的味道。

评课的时候，认识了和我一般年龄的校长，领着一群年轻人在这里坚守、开拓。老师们都站在圆桌后，没人讲话，微笑着等我们进来，然后悄悄坐下。评课结束后，没有人径自离开，又一次站在圆桌后，等我们离席。站在学校的院子里大家说着笑着，我和阿莉憧憬着如果我们支教可以在这里驻留，也是一桩美事。

　　回到酒店，我俩才意识到必须在一个晚上备好课，同课异构，既要对昨天指出的问题修缮，更要用课例诠释新课程标准，还得有创意、有思想。一遇到这种时候，我却反常的慢悠悠，逛街去买口语交际的道具，躺在床上冥想。直到阿莉12点做完课件，我才开始下载相声"芝麻开门"的视频、下载剪裁视频软件、下载播放软件，时间一晃接近凌晨。合上电脑，拿出A4纸，开始一遍一遍书写、默念教学流程。不到两个小时的休息早已习惯，在讲示范课时通宵达旦，因为只有这样心里才踏实。

　　在校园里等待昭仁中心校的五年级1班学生时，随手捡了一叠柏叶和一朵野菊花，打算一会儿做奖品。孩子们来啦！他们的朝气蓬勃瞬间感染了周围的人，每个人都精心挑选了口语交际中推销的物品，小家电、果蔬、书本、玩具，还真是五花八门。当然，我也有我的杀手锏，推销剡小惠老师刚赠给我的她写的小学生习作指导书《爱上那一抹绿》。课堂上，我们愉快地聊着，孩子们时不时迸发的奇思妙想、童言金句引起听课者阵阵掌声和笑声，我又一次看到身处咸阳最偏远县区的学生们洋溢的那种精神，用知识改变命运的力量，深深地被孩子们折服。

　　讲课结束后，学生们将我团团围住，叽叽喳喳地问这问那，我摸摸这个小脑袋、拽拽那个的红领巾，也有很多不舍。短暂的四十分钟建立起的师生情在这一刻弥漫，他们给我手里塞着小橘子、火龙果，一个小男生趴在我耳边，悄悄地说："老师，我今天没有什么好送给您的，两年后，您等着我，我一定考到咸阳市里读初中，这是我们的约定！"

　　我，也想和偏远的希望小学有个约定，你们，也等着我！

只因，醉心于此

自从工作室简报第一期"从这里出发"后，周内没有课的下午、周末，借用一句广告词——我们如果不是在讲课，就是在讲课的路上。步履匆匆却笑语盈盈，从身边到乡村学校，哪怕只能影响一位老师，我们也会有满满的喜悦。

习惯了每次活动结束后，当晚就趁热打铁做出工作简报。起初以第三方的视角夸自己、夸成员还真有点下不去口，尽量措辞时不炫耀、不张狂，重点是观点、技术、评课文化的传播，得到同仁的赞赏，同时也增强了继续"在路上"的力量。

今天，不是简报。

10月29日，接到教育厅2015国培计划送教下乡去韩城的任务。负责通知的老师先表达了时间仓促、要求高的歉意，又表明是吴积军老师力荐，让我无辞可推，不能有一点点的犹豫。其实，忐忑不已。一是因为韩城要求上的课是《长征》，这首七律我一直认为只有伟岸的、铿锵有力的如唐国强那样的男老师才敢挑战；二来和我一起送培的是高新一小龚健辉校长，这个气质高雅被老师们如女神一样仰慕着的校长来评课，我，我怎么还挺心虚呢！开始，解读文本、处理资料、确立目标、理论说课、琢磨流程、练习朗诵、制作课件，基本一夜未眠。

第二天，公交、地铁辗转来到教院集合门口，一眼就认出了站在街边窈窕而端庄的龚校长，凭着小语人的"味儿"，我们一下子就接上了头，这个女人——谦和而柔美。

三个小时的车程，恰巧又和幼教的两个姑娘坐在一起，小曹老师一会儿再现幼儿"鼻涕来捏""猪大婶卡卡切西瓜"，一会儿又吐槽她们的全能和最低地位，我们津津有味看着听着，更佩服这个陕师大的高才生对幼儿教育工作的乐在其中。

到达酒店吃完晚饭后，已经八点多了。几位老师出去散步，我提了电脑进房间继续修整我的教学设计。近深夜，我躺在床上冥想，龚老师细心地调暗了灯光，连走路都轻轻的。其实，我俩都怕打扰到对方休息。脑子里不停地一遍一遍，"磅礴？磅礴要不要指导书写？学生预习了解背景，如果不知道怎么办？巍巍青山何所惧下来是啥来着？"不知是睡了还是醒着，摁亮手机的时候是 4:35。接下来就是一个不可思议的场面：卫生间亮灯、马桶盖坐下、电脑放置洗漱台、一双打字的手、一沓画得乱七八糟的 A4 纸。我是不是也挺拼的？画风也是相当诡异的？

周六上午，2015 国培计划送教下乡韩城启动会，我去聆听龚校长《打造翰墨校园 开启书香人生》的讲座。"一得"读书长廊、书本漂流、易购会、藏书小博士、自我作品卖场、散发墨香的教师作品，直到小视频教师读书沙龙的音乐响起，心潮澎湃。我喜欢做的、我正在做的、我将一直做下去的，原来还有这么多没有想到的。课间休息的时候，学员围过来交谈，其中有个老师来自非常小的学校，校长也不重视阅读，为此很苦恼，龚校长给了很多建议，只要愿意去做，都能想出办法来的。

周六下午 2 点，看到十来个学生我便扑过去，大喝一声"这些都是我的娃吧！"带队老师和学生们全都笑了。领着孩子们进了多媒体教室坐下，我需要分分钟让他们升温直至沸腾。导入，读准，读懂，读出画面，读出无畏乐观，读出英雄气概、浪漫色彩，读进作者内心。"俱往矣，数风流人物，还看今朝。"群情激昂读完宣布下课，孩子们坐着不动，那个一直小声儿的姑娘凑到我耳边一句"我舍不得您下课"竟让我……

龚校长的点评春风化雨，首先指出选择《长征》一课的挑战——时代性、作品题材、作者情感都是难以掌控程度的，也和我评价郭春霞老师课一样说到了"扎实、朴实、厚实"，但比我多了"巧、新"，同时也指出了学生之间互动较少的问题，和那节口语交际比起来，是少了很多生生互动，也少了很多从容悠然。

最后是和培训学员互动环节，我们总是想法接近，相互会心微笑。一位学员问道："请两位谈谈您二位是如何成长起来的？"龚校长微微点点头示意让我先来说，"我想到了三个词，痴迷、执着、思考"。

虽然韩城温度只有 2℃，但是我俩站在新城四小校门口留下了最灿烂的笑容。

一袋槐花饭

学校后院有一株洋槐树，花儿已经不知道绽放过多少年，也不知道在风雨中飘落过多少年。年年月月，我只是在检查清洁区卫生时，低头看见凋谢的花瓣会想到影响当日量化分数，早已无暇抬头看一眼槐花。

早晨走进教室，窗户大开着。不速之客除了晨风，还有卷在风中的花香。那么馥郁，那么慷慨，宛如远方女子对你微笑，你虽看不到她，却能隐隐约约闻到她的气息。

"走，咱们今天到清洁区去上课。"

"啊？"

"准备好你们的小眼睛，小鼻子，走！"

学生们边走边猜测着，不知道今天老师又有什么意想不到的活动。

站在花下，一仰头能看见满树的洋槐花怒放着。男孩儿跳得老高，也没有够着一穗花，女孩儿惊叹着。

"老师，您说这花儿像什么？怎么这么香？"

"你们说呢？"

"像维吾尔姑娘的小辫子！"

"像成熟的稻穗……"

"快看快看，蜜蜂！香味儿把蜜蜂引来了！"

我让孩子们安静后，开始讲课："生活中，不缺少美，就是缺少发现美的眼睛；也不缺少香，就是缺少感受香的鼻子。这些槐花儿，当你仔细去欣赏的时候，你的心中就会有美了。在我们的课文《槐乡五月》中，槐花还可以做成槐花饭，可惜老师还没有吃过。不过，不影响我们学习文章呀，走，咱们回教室先来学习这篇文章！"

第二天早晨，槐花依然飘香。我的桌子上躺着一个袋子，轻轻打开——

飘香的槐花饭！我捧着飘香的袋子，似乎感觉到还有小手的温度。四下里看了一圈，没人！嘴巴凑近袋子开始吞……真好吃！突然，身后冒出几个小姑娘的身影。

"哈哈哈，老师，我妈说，您热一热再吃！"

心灵对话

　　学生步入三年级，从简单的情景写话上升到了完整的篇章习作。他们具有了一定的情感和知识储备，不再满足于我们制定的"星级"或文章结尾处"竖起的大拇指"。往届我写的习作评语总是："语句通顺、层次分明、内容具体、详略得当"等词语不同的排列组合，这些冷冰冰的言语学生全然无趣，更无激励作用。因此，现在我把习作评语视为一段与学生的心灵对话，发现"闪光"我欣赏，发现"劣枝"我剪裁，同乐同忧同成长。

一、共鸣·赞美

　　生活因为欣赏而美好，生命因为欣赏而感动，孩子因为欣赏而优秀。当你理解了学生的作品，真诚地赞美他文章中的一句动人之笔，一个正确的标点符号，一个全新的思路……都可以让学生体会到老师的认可和鼓励，久久成为学生前进的动力。

　　李媛在国庆日记中写了她在雨后去乡村看望爷爷：

　　路两旁灯笼似的红苹果，挂着一串串像眼泪一样的水珠。果树下的爷爷已等候多时，见到我，两眼眯成了一条缝，紧紧抱住我不住地说："旦旦，爷爷想你！"我搂着爷爷的脖子感到好温暖，心想：我要常回家看看，安慰老人孤独的心……

　　我立即在旁边批道："瞧！多么相亲相爱的祖孙俩。多懂事的旦旦啊！孝于亲，弟于长。"最后在总批中写道："你是用发现的眼睛和满心的爱来写的，我被你深深感动。"有时，我会对书写漂亮的作文写这样的眉批：

　　"你的字方方正正，像你！清秀端正，像你！"

　　"潇洒自如有精神，人就得有如此精、气、神！"

二、幽默·委婉

　　幽默可以使语言浅显易懂，可以使批评易于接受，可以使改正记忆深刻。

针对学生习作中的缺点，我通常采用委婉告诉，一点小幽默让我们的心灵对话平等些，难忘些。

白浦的日记总是惜字如金，我批道：

"甘蔗越吃越短，文章越写越长，你的日记愿意是甘蔗，还是文章呢？"

牛聪的习作思路别具一格，但错别字很多，有时连自己的名字中的"心"也会写成"儿"。我就拿他的名字做文章：

"牛聪、牛聪，的确很'聪'，必须努力，才能真'聪'。记住，有'心'才能'聪'。"

对于习作较慢的刘语，我请他：和时间赛跑，好好把握每一分钟、每一秒……

三、馈赠·希望

我和学生都有积累的习惯，我常常将读过的、促进写作的格言赠予他们，与之共勉，也有少数自己杜撰的。希望学生能够从话语中得到一些启迪并付诸行动。如：

"我手写我口，我口说我心。"

"文章应事真、情真、理真，否则就是剪彩为真，刻纸为叶，没有生命力。真实的才是最美的。"

"只有读书，才能让你想象的翅膀飞起来。"

"养成读书的习惯，是你一生享用不完的聚宝盆。"

……

现在，学生越来越爱看评语了，他们或者轻轻地诵读，会心微笑；或者三五成群，交流分享。都说：这是老师给我写的悄悄话。我想：我在用心聆听他们，用幽默告诫他们，用激励照亮他们……

园丁嘴上刀 小树嫩枝杈

今天，不，准确地说应该是从上学期开始，我们家那引以为自豪的姑娘陷入了一个自己无法解脱的网，数学老师和她那颗碎玻璃心。今天姑娘更是升级到了白热化，不仅眼睛哭得像俩水桃子，各种过激的语言她用起来字字像把尖刀。

"张老师为什么要骂我们是猪，她就是不尊重人，她怎么能为人师表？！"

"她说我们没脑子，我们的脑子早就被她毁灭了！"

"骂一节课，下课不休息，上课了接着骂！"

"骂我们的时候还要配合自己的光荣历史，有什么好炫耀的！"

"她嫌我们不会数正方体的棱，就摔门走了，她走了不来才好呢！"

"一日为师，终生为父，她要给我们心灵带来多少阴影！"

"一朵花、一棵草都被人尊重，她怎么能这样无视我们的人格！"

我开始给她苦口婆心地讲，老师出发点是很好的——恨铁不成钢，老师是为了大家能够取得好成绩，你要用努力学习证实自己并不差，何况你很棒，老师也没有批评你，你要学会适应，每个地方的老师都是不一样的，你要尽可能调整自己。而且，你们班也有成绩更好的孩子，你怎么不能像他们一样呢？

没想到，姑娘的情绪不但没有缓解，反而将每把尖刀擦亮，开始咄咄逼人。"不骂我，骂别人也是她的不对！你们都是向着张老师说话，根本不公平！你们让我和别人一样，是你们对我的嘲笑！对我看不起！"天！我惊叹这个有思想的孩子，惊叹孩子的一条路跑到黑。我想：应该将这种正义和个性好好地保护、好好地引导。

后来，我跟她说："你给老师写封信吧！"本来想缓解孩子的情绪，释放一下就好了。可是姑娘尽情使用了自己的语言强项，淋漓尽致地表达了自己的不满、气愤，后来署上自己的大名。"孩子，别写自己的名字好吗？""为什么？我不写张老师就会展开地毯式的搜查，我可不想连累大家。"看着她坦然地将信收好，我们的心久久就像重重地压上了一块大石头。

爱是每个教师应该具备的职业操守，怎么可以随意讽刺孩子？另外，现在的学生为什么经不起不如意呢？因为他们在家里都是金字塔的塔尖，等他们走进社会，绝大多数都是金字塔的塔座，怎么可以在成长的路上让他们勇敢起来，就是我们这些家长的责任了。

孩子，你有权拒绝惩罚性作业

之所以用一个这么冗长的题目，是因为我再想不出，还能如何表达我内心的愤怒。但是，当我写下题目，又反问自己："孩子，你敢拒绝重复的惩罚作业吗？"

教育部规定，学生和家长有权拒绝完成超过规定时间以上的作业量，不允许学校和教师用增加作业量的方式惩罚学生。这规定还在厅长、局长、校长的办公文件上，还堂而皇之地挂在网上，可是是否烙在了执行老师的心上？所有的家长认可吗？（一部分家长还担当这些重复作业的同谋），一部分家长敢行使自己的权利吗？投鼠忌器虽然不恰当，可娃在人家手里，惹不起呀！

看过一则笑话，警察逮住一个闯红灯的老师，狂喜道："终于让我抓住了！去，那边岗亭！把'我不闯红灯了'罚写100遍！"不知道，那些善于罚抄写的老师看了感受如何？

我也是家长，儿子二年级快考试的时候，语文老师让把生字从第一课写到最后一课，神呀！二年级是识字高峰，生字表黑压压四大张。我认为，这一般都是老师"宁可错杀一千，不愿放过一个"的一时痛快之举布置的，很少会一一检查，加之儿子一贯的良好表现，我就让他读了一遍拉倒。为了证明写了没有效果，我还亲自把这些作业用将近一小时写了一遍，并发了博文《我替孩子写作业》。后来，因为语文老师出发点是"为了你好啊"，加之是我的同事，又比较顾及领导面子，所以并没有什么发作。

这学期，儿子到了新学校，我收敛了许多。对于很多抄写课文之类的作业，还给儿子做工作，说多点练习没坏处。好在他写得又快又好，很少被罚。有一次，大概因为综合课纪律不好，综合老师和班主任一气之下，罚全班同学抄课文《郑和远航》。中午回家，儿子顾不得吃饭，小脸儿拉得跟长白山似的，我连忙悄悄说："不抄，不抄，妈妈帮你抄，保证不败露。假如老师真的问，你就说我妈非要抄的，你可以打电话。我妈认为这种惩罚性作业没有意义。

儿子大叫："我哪敢，我不想混了！老师说，别的班更多，一遍都便宜你们了！"哎！你说说，老师自己不反思为什么那么多孩子不听讲？还理直气壮呢！等儿子抄得手酸了，最后一张勉强答应让我抄。再没有后话。

这个周末，儿子把同桌的本子装差了。我翻看时，震惊了！数学本满满三张抄写一道应用题的答案"大王村共种植面积1000公顷"，这孩子写得工工整整，整整写了100遍！触目惊心的"暴力和奴役"！

读过《好妈妈胜过好老师》，其中有一节讲到，成人在教育儿童时之所以屡屡采取不合适的教育方法，使"教育"变成一种破坏性行为，有两个最根本的原因：一是不信任孩子，二是太相信自己。孩子天生并不反感写作业，他们中的一部分人之所以后来变得不爱写作业，是因为在上学的过程中，尤其是小学阶段，写作业的胃口被一些事情弄坏了。被罚写作业，就是弄坏胃口最有效的一招。

北京某所小学，要求孩子作业本不许有一个错字，如果出现一个错别字，不仅这一个字要写100遍，整个这一页内容都要重写一次。这种"株连法"使孩子们在写作业时提心吊胆，生怕写错一个字，他们早已忘了为什么要写作业，他们只是在为"不出错"写作业。孩子们刚刚开始进入学习的征途，就已经开始迷失学习的方向了。

还有更惨痛的例子。2007年4月25日，广东增城市某中学一名初一的学生，因为英语考试时说话，被老师罚抄单词，从第一课到第十四课，每个单词罚抄10遍。这个孩子当晚自杀。

许多家长和教师，一方面要求孩子热爱学习，一方面又把"学习"当作暴力手段运用于对孩子的惩戒上。当"作业"变成一种刑具，它在孩子眼里能不恐怖吗，孩子还能对它产生好感吗？

这个问题追究到底，至少可以看出这些老师的三个问题：一是在教育孩子中不能细腻体察孩子的心理，不考虑把工作做到孩子的心坎上，只是满足于孩子表面的、暂时的服从；二是自己内心不热爱学习，潜意识中把学习当作苦差事，就会在生了气寻找"刑具"时想到写作业；三是权威意识在毫无反击之力的儿童面前变得肆无忌惮，人性中的恶不小心流露出来。

惩罚性质的作业，对儿童的学习只有毁坏，没有成全。人可以使自己适应奴役，但他是靠降低他的智力因素和道德素质来适应的；人自身能适应充满不信任和敌意的文化，但他对这种适应的反应是变得软弱和缺乏独创性；

人自身能适应压抑的环境，但在这种适应中，人得了"神经病"。

儿童当然也能适应暴力作业，但暴力作业中含有的奴役、敌意、压抑，会全面地破坏儿童人格与意志的完整和健康。替孩子写作业，不是家长帮孩子进行学习舞弊，而是以理性对抗学校教育中的一些错误，以不得已的方式帮助孩子获得更多的自由时间，让孩子生活得更快乐一些，并教给孩子实事求是地面对学习。

对于暴力作业，孩子，你有权拒绝！当然，也需要家长实施适合孩子的帮助。

我是为了帮您

接手一个新班级，开学五天才讲第2课。

原因很简单，孩子们持续听讲超不过5分钟，目光汇聚、倾听别人发言更是奢望。阅兵放假前的两天基本是在讲纪律，操练读书姿势、写字姿势、静坐静心，甚至敬队礼的标准姿势，提出对作业书写的要求，告知奖励制度，等等。假期后，仍然借着谈阅兵看看整齐的步伐、坚定的眼神，气势如虹下的苦练汗水。不是班主任，胜似班主任。

课堂上，推进更是个技术活了。《老师，您好》中，不知道"春蚕"的比喻来自"春蚕到死丝方尽"，没听过"押韵"，"诲人不倦"。我不着急，慢慢来。注意力不集中了，插播小故事；答错了，告诉"张冠李戴"；喊喊喳喳，那就用约定的眼神告诉。

今天下午，校长随机推门课，刚好准备讲第2课《但愿人长久》。开始的5分钟所有的孩子聚精会神，暗暗寻思"臭小子们"还挺给校长、挺给我面儿呢！赶紧，交流预习收获，趁机随口讲了"丙辰中秋欢饮达旦，大醉作此篇，兼怀子由"。正窃喜，却是好景不长。第四组那个"小丸子"前后忙活，刚巧我唱罢"但愿人长久，千里共婵娟"，他用铅笔把语文书挑起来，站起来高声大喊"再来一遍，再来一遍，再来一遍"，重要的话他真就是说了三遍。"哎哟，今天变成复读机啦！"我想借周杰伦的语气岔过去，话音未落，大家哈哈笑起来，他也哈哈笑着坐下。这下，教室里可苦了校长了，一会儿拽拽左边的衣服，不许站坐下！一会儿指指后边，不许钻到座位下。我深呼吸，做了一个我们约好的听讲姿势，这才慢慢安静下来。只有"小丸子"直勾勾地看着我，脸颊上还挂着两颗豆大的"眼泪"。仔细分辨了一下，没搭理他。他又附加上了可怜巴巴却有些狡黠的眼神儿，还没等我说话，有人搭腔了，"老师，他装哭呢，抹的唾沫"，刚刚安静的教室又乱了，才不管什么校长呢。"小丸子"气愤地站起，举起一瓶盖水倒脑袋上，"人家明明用的是水！"我是又好笑又好气。这小家伙这两天一直跟在我身后，"老师你贼厉害呢"，"老

师你知道贼多呢"，今天又上演了一出闹剧！

下课后，摸摸他的樱桃小丸子的发型，"告诉老师，上课为什么要哭呢"？他倒也坦诚，"老师，我想看看你能不能看见我。还有，我想帮你做个测试，看谁不听讲，有人就掉陷阱了"。他说着还略带着一点点的得意。轮到我故作惊讶了，"原来如此呀！那你觉得梁老师需要你这样的帮助吗"？"我认为不需要，老师啥都能看出来"。你说，这孩子脑子里想的，大人以为就能凭着经验洞知全部吗？好好呵护吧，别急着贴标签发脾气啦！

孩子属于谁

朋友问我，孩子属于谁？我说："那得看范畴了，我把学生也叫孩子。"他说，所有的一切。是啊，孩子到底属于谁？属于父母？属于社会？如果是属于家庭的，他们的命运难道就听任家庭成员的安排，怎么养育孩子都是家庭内部的事情？如果是属于社会的，国家、社会在孩子的抚养教育中应该承担什么责任？

朋友说，孩子是有独立人格的人，属于自己，不属于谁的私有。我的孩子呢？我把孩子扔到哪里去了？我考虑了他们的感受了吗？他们虽与我们父母亲同在，我们给了他们无尽的爱，我们能荫蔽的只是孩子们的身体而不是思想和灵魂。他们的灵魂居于明日的世界，是我们父母亲在梦中也无法触及的地方。我们是弓，孩子们是从弦上发出的向前的有生命的箭。成功一定不仅青睐射中的飞箭，也爱那手中稳固的弓。

所以，孩子是属于快乐的，属于幸福的，属于阳光的，属于大自然的，属于歌声的，属于三月的玉兰花，属于童话中的白雪公主，属于远处飞翔的风筝，而我们就是手中结实的线团，给他们力量，是他们飞出去再远也眷恋的家。

第二卷

选择了远方，便只顾风雨兼程

人在课中、课在人中；人如其课、课如其人；人即是课、课即是人。境界越高，课的痕迹越淡，终至无痕。因此，课的最高境界乃是无课。说到底，语文是人的，只有全面而深刻地把握好人与语文的关系，语文才会喷射出缤纷的色彩、激荡起大千的气象。

让课堂像清茶一样飘香

—— 陈志坚作文讲评课记录

上海复旦二附中的语文教师高手如云。"个儿不高、头还有点歪"的陈志坚老师戏称自己为"超级板凳"，不在"首发阵容"中，却总是备战出征。一节家常作文讲评课《让自己像　　一样　　》，简洁中充满诗意，细腻中韵味无穷，每个学生都在"静静的"课堂中任思维"汹涌澎湃"。

用文字歌唱的歌者

作文讲评课常常会有这样的弊病：理论抽象，术语烦琐；事例完美，经典泛滥；专挑毛病，压制积极性；老调重弹，缺乏新意，对"命题、立意、结构、语言"等讲解蜻蜓点水、浮光掠影，说来说去，只有几个可怜的被无数次重复的写作学名词，学生听来味同嚼蜡，教师也早产生审美疲劳了。陈老师课堂中的"起承转合"却贴近生活，时时显现情趣盎然。

课堂情境一：

师：最近，有一个叫作《中国好声音》的栏目炙手可热，陈老师也很喜欢看。因为有很多像我这样相貌平平的歌者，也能有机会表达自己。如果说，唱歌的人是用嗓子歌唱，写作的人就是用文字歌唱，如此而已。我们今天作文讲评课的题目就是——发出自己真实的声音，请大家聆听每个人心底的想法（课件出示全班学生命题）。

上的家常课，说的家常话。写作本就是一种倾吐，本应当以"生命的表达和交流"为原点。现在的作文课，重指导，轻点评，学生遵照老师的指令，去说一些言不由衷，只是为了讨别人喜欢，以求索取高分的空话、假话、套话，作文成了没有情感的"技术活儿"。而陈老师不是空泛、模糊用几篇比较好的文章做例文，而是具体、细致，让每个人的想法得到展示，从拟题谈开来，学生在分享过程中获得了豁然开朗的启悟。

站在身后的拥趸

好老师是用学生说话的。课堂里,听者觉得他在,似又不在。学生披荆斩棘、挥洒自我的时候,他默默地竖起大拇指;学生遭遇伏击、寻找伙伴的时候,他并肩战斗在左右;学生迟迟不前,语塞情滞的时候,他伸出双手,牵着你,请跟我来……

课堂情境二:

生1:《让自己像雷电一样洒脱》:雷电稍纵即逝,一刹那的绚烂是一生蓄势待发的能量。那不是瞬间一吼,而是一种释放、一种绽放、一种爆发。

师:这是来自内蒙古大草原的一首歌,没有南方书生的温婉,却透着一股男子汉的味道。

生2:《让自己像卒一样活着》:在中国象棋里,"卒"微不足道,但在关键时刻能颠覆战局。他像螺丝钉一样不起眼,却在需要的地方发光。

师:他一步一步只能向前,不能退后,稳扎稳打,无所畏惧,值得敬佩。

生3:《让自己像延参法师一样镇定》:延参法师虽然在峨眉山遭到猴子戏弄,但他依然幽默而镇定地对待,在王自健主持的节目中,笑谈人生,让大家忍俊不禁。

师:知道得真不少!最近在网络"火"起来的糊涂山人。我也看过片段,举个例子:两人谈恋爱,以前姑娘要月亮,现在姑娘要房子,可见房子比月亮难求得多。(笑声)

生4:《让自己像李白一样李白》:通常情况填这两个空格,一个填名词,一个填形容词,我想与众不同。

师:你的后一个"李白"代表的是他的风格,其实题目应该是《让自己像李白一样浪漫》

生5:《让自己像老师一样自信》我……我想和陈老师一样充满信心。

师:嘿嘿,陈老师头歪了,不自信了(笑声),我争取成为你说的那样的人。这个题目中,"老师"的特质不等于"自信",你可以说,像某一位老师那样自信才准确。

这些对话让听课者耳目一新,自叹不如。短短45分钟的精彩纷呈怎能是一蹴而就的?一定来自于平日的"千锤百炼"。作文讲评课,本以欣赏和分享为基点，诊断出习作中的共同问题和个别问题，让学生在生活中写作，在写作中生活，陈老师在课堂里就是欣赏者、发现者、聆听者，更是学生身后的力量。

满庭花儿开，我就是诗人

临近课的尾声，陈老师的《满庭芳》把一幅"深夜阅文图"画在我们眼前。

课堂情境三：

"小屋书香，凭窗爱晚，卷卷长短欢愁。锦绣看遍，月影照琼楼。心事文章正好，又常在、曲径探幽。无人会，此生谁主？汴州复杭州。"

听得出这是一种安贫乐道的态度，一份从容的心情，疲惫全消，穿行在学生的文字中。面对同行的质疑，他笑容依然，谦逊地商讨作答。于漪老师说过，"我上了一辈子的课，上了一辈子遗憾的课。"尽管这堂课中还存在这样那样值得商榷的问题，但是瑕不掩瑜。在充满新名词的教育界，在"体温"超过38.5℃的教育界，在"形而上"模式固化的要求中，道理往往是简单的——让学生有兴趣学，学有所得，并开启智慧。我们面对的是"青春无价"的学生，让豆蔻年华就在如清茶一样飘香的课堂里，有如此的老师的课堂中一同走过吧。

用这首《卜算子》表达我的声音——

渺渺碧波平，缕缕芳华细。点点清珠淡淡香，傲然亭亭逸。

款款舞新姿，字字真情意。片片青衣叶叶心，只为学生系。

江南风 春日雨 垂钓情

——《渔歌子》教学实录与反思

一、谈姓名，展现积累，激趣

师：同学们好！课间我们已经相识了。同学们知道老师名字中有一个"荣"字，是东晋陶渊明《归去来兮》中"木欣欣以向荣，泉涓涓而细流"的"荣"。老师也知道了同学们的名字来历和含义，看来我们中国人的姓名都有着浓浓的中国味，今天我们认识唐朝一个叫张志和的诗人。猜猜他的名字是谁起的？

生：他妈妈起的。

师：妈妈最可亲，但是错了。

生：是他爸爸起的吧。

师：爸爸最权威，可惜也错了。

生：是他自己吗？

师：自己名字自己做主，可惜也不对。

师：其实，他的名字是皇帝取的，因为他 16 岁就中举，又提出很多治国良方，皇帝欣赏他的才华，所以赐名，希望他心志平和。张志和，他不仅擅写诗词，通晓音律，绘画也很有造诣，今天我们就来学习他写的一首词。今天我们要学习他作的一首词。称长短句，有平仄规定，有词牌名。你还知道哪些词牌名？

生：有忆江南、破阵子、水调歌头、满江红、清平乐……

师：大家知道这么多，真是个书香小班级。今天我们要学习的词牌是——

生：《渔歌子》

师：来，大家一起方方正正地写出来（板书）。

二、初读词，读准读懂，会意

师：请同学们自由地读读这首词，每人最少大声地读三次：第一次，要读得一字不错，字正腔圆；第二次，要读得节奏清晰，有板有眼；第三次，

如果能读出点儿词的味道来，那你就很了不起。（生练习朗读，师巡视）

师：从同学们全神贯注的朗读中，老师知道你们把心贴在这首词中了。谁来读一读，把握机会，成功属于把握机会的人。（生读）

师：只读错了一个字，"渔歌子"的"子"不能读轻声。再请一个同学朗读。（生读）

师：他不但读准了，还读出了节奏。大家一起来读。（生齐读）

师：每个同学都读准了，对照注释，你能读懂词的意思吗？

生：西塞山前有一行白鹭在飞。桃花盛开，花瓣落在流水中，鳜鱼很肥。有一个渔翁，头戴青色的箬笠，身披绿色的蓑衣，在斜风细雨中不想回家。

师：听了你的解释，老师的眼前仿佛出现了一幅春天的江南烟雨垂钓图。张志和有个好朋友叫颜真卿，是当时著名的书法家。据他说，张志和酒至酣处，或起笔浓墨，或击鼓弹琴，那是词中有画，画中有词。

三、想象读，读出画面，入境

师：同学们找找，这首词中都有哪些景物？

生：西塞山、白鹭、桃花、流水、鳜鱼、箬笠、蓑衣、斜风、细雨。

师：这些景物还有很丰富的色彩呢，再读读，看你能读出哪些色彩？

生：白鹭、粉红的桃花、青箬笠、绿蓑衣。

师：是啊，美好的景物，再加上亮丽的色彩，张志和通过27个字为我们描绘了一幅优美的山水人物画，真是词中有画，画里生词，不由得令人心驰神往，舞笔一画。（师作简笔画）

师：让我们通过朗读把你的喜爱之情朗读出来，把这首词读成一幅活的画。你最喜欢哪一处景物，就快来练习吧。

生：我喜欢"桃花流水鳜鱼肥"。

师：让鱼儿再肥美一点儿，听到桃花落下来了。

生：西塞山前白鹭飞。

师：白鹭飞得太快了，让白鹭悠闲一些。

生：我喜欢"斜风细雨不须归"。

师：听出了你的流连忘返，让江南的斜风细雨轻柔一些，再读。

师：来，让我们静静站在西塞山前的小桥上，任清风拂面，任细雨飘洒，任桃花的香味扑鼻而来，深情地吟诵：西塞山前——（生齐读）

四、示范读，读出意境，悟情

师：同学们朗读得太美了，你听！（流水、鸟鸣及音乐声起）用你的视觉、听觉、嗅觉，老师读，你展开想象的翅膀，仿佛能看到什么？似乎能听到什么？好像能闻到什么？（师配乐范读）

师：从大家陶醉的眼神中，老师知道你们看到了很多，听到了许多，还闻到了许多。来，用你们诗一般的语言告诉我。

生：我站在西塞山前，看见有一群白鹭在展翅飞翔，悠闲地欣赏春日的山野。

生：我仿佛能听到桃花在微风中，一片片的花瓣落入潺潺的流水中，花瓣和鳜鱼嬉戏。

生：仿佛能听到鳜鱼的摆尾声，说着春天戏水的快乐。

生：我仿佛看到斜风细雨中，有个渔翁，头戴青色斗笠，身披绿色蓑衣，悠然自得地在雨中垂钓。

生：我听到小雨淅淅沥沥地下着，桃花簌簌地落下。

生：我还听到了悠扬的琴声。

生：我感受到了从侧面吹来的小风抚摸着我的脸庞。

师：真是"诗从心中起，人在画中游"。当我们欣赏着江南的春景、享受着春风春雨的时候，我们好像忘了一个人，他只留给我们一个背影，可我们一定看到他乐不思归的神情，这是一个怎么样的渔翁？

生：喜欢幽静的渔翁。

生：喜欢自由自在无拘无束的渔翁。

生：热爱大自然的渔翁。

生：淡泊情怀的渔翁。

师：就让我们用这种"悠闲、愉快、自由自在、淡泊"的心来读这首词。（生齐读）

师：同学们声情并茂的朗读，真是流连忘返，"斜风细雨不须归"啊！（板书："不须归"）

五、对比读，读出"心志平和"

师：我们刚才通过词想象画面，把诗词读成一幅画，就是学习诗词的好方法。读诗词，有时候想象还不够，还需要了解作者的生平，会有更多发现。张志和因为才华出众，皇帝赐名，但是官场险恶，遭人陷害后被贬，从此再不做官，隐居在太湖，扁舟垂钓，寄情山水，自称"烟波钓徒"，他喜欢这样的生活。他的哥哥担心他隐居不回家，也写了一首词来和他，《和答弟志和渔父歌》。（出示：乐是风波钓是闲，草堂松径已胜攀，太湖水，洞庭山，狂风浪起且须还。）

师：自由读读，你能发现两首词有什么相同之处和不同之处？

生：都是写景的，句子长短一样。

师：《渔歌子》也叫《渔父歌》，词牌一样，所以句子长短一样。

生：景色不一样。一个是"斜风细雨"，一个是"狂风浪起"。

生：一个是让回去，"且须归"，一个是不想回，"不须归"。

师：我们一起来演一演，老师当哥哥，你们当弟弟，我来劝大家，大家用词来回答。

师：贤弟呀！太湖水，洞庭山，狂风浪起且须还！

生：青箬笠，绿蓑衣，斜风细雨不须归。

师：狂风浪起且须还。

生：斜风细雨不须归。

师（激昂）：且须还。

生（高声）：不须归。

师：贤弟，你为何不归呀？

生：这里的桃花香，鳜鱼肥啊！

生：我喜欢自由自在。

生：我讨厌官场，不想再回去了。

生：我被春天的美景陶醉了，斜风细雨，真舒服！让我流连忘返。

师：好一个流连忘返啊！你以为张志和钓到了很多肥美的的鳜鱼吗？颜真卿说，张志和的鱼钩是没有鱼饵的。张志和却说，他钓到了很多很多。大

家想一想，他都钓到了什么？

生：桃花。

生：春风细雨。

生：欢乐、悠闲。

生：自由自在。

生：他钓到了他想要的生活。

师：对，他钓到了想要的生活。张志和每天透过镜子，想着想着，仿佛自己和一位神仙对话，后来写成了《玄真子》。我们恍然大悟，张志和垂钓，钓来的是清闲、飘逸，他就用这样清闲飘逸的心，写出了这样一首《渔歌子》。我们一起来背诵——（生配乐背诵）

师：我们是幸福的，幸福得可以看得懂几千年的文字，老师希望你们徜徉其中，享受其中，做一个"不须归"的阳光书香少年。（下课）

【教学反思】

《渔歌子》是张志和的一首千古绝唱，作者不仅把美景与情趣巧妙地融合在一起，而且暗含自己的人生追求，可谓词中有画，画中有情，情中有理……诗词教学，如果仅仅是理解了，会背了，会写了，是远远不够的。我想，最重要是从语言文字中受到情感和思想的熏陶，领略其中的语言美、画面美、意境美，从而产生一种对生活、对诗词的热爱与向往。在这个过程中，不仅要丰富知识，锻炼能力，而且能提高素养，升华人格理想。

在这首词的教学中，我把这种理念设计成两条线索：一是理解词意，体会意境，二是感悟作者的人格魅力。这两条线索先是二水奔流，最后融为一体，在对比朗读和表演中把学生的情趣引向高潮，从而产生余音绕梁的效果。

在第一条线索中，主要安排了"初读，读懂词意；想象读，读出画面；示范读，读出意境"。在第二环节中，先让学生找景物，再找色彩，然后用简笔画表现出来。这样，景物的美通过具体可感的视觉形象，在学生的脑海里形成了一幅美丽的"江南烟雨图"，喜爱之情油然而生，指导朗读喜爱的景物也就顺理成章了。在第三个环节中，通过配乐范读，让学生展开想象的翅膀，调动视觉、听觉、嗅觉来领悟词中的意境。学生不仅多种感官得到了训练，而且锻炼了发散思维，在联想和想象中，脑海中的那幅图画又增添了很多情趣。

在第二条线索中，通过颜真卿的赞誉，说明他的词是"词中有画，画中有词"，学生对作者有了进一步的认识。而且介绍了作者官场失意后寄情山水的境况，然后通过对比朗读体会"不须归"的原因和他寄情山水的决心。至此，学生基本感悟词中隐含的美好情感，两条线索也融合到了一块。紧接着追问"他钓到了什么？"把学生的想象引入到一个更高远的境界。这样，学生不仅领悟了词中的意境、情感，而且感受到了作者人格魅力的感染，将"诗品"与"人品"融为一体。在一唱一和中，感受到诗词的情趣盎然，也希望学生在诗词的海洋里做个"不须归"的阳光书香小少年。

触动内心最柔软的地方

——《第一次抱母亲》教后记

　　《第一次抱母亲》是苏教版小学语文四年级下册一篇情感型课文。文章记叙了"我"去守护生病住院的母亲，抱起母亲让护士换床单时，才察觉母亲的身体是那么轻，不由想起了母亲以弱小的身体挑着重担翻山越岭的往事，心里很难过，也很愧疚。于是，像小时候母亲抱"我"一样，"我"把母亲抱在怀里，让母亲入睡，结果却发现母亲的眼里流出了泪水。文章字里行间洋溢着母亲对子女的爱，更表达了儿子对母亲深深的感恩之情。由此可见，这篇课文是对学生进行情感教育、锤炼语感的好素材。

　　上课前，一直认为"抱母亲"这个行动，如何也唤醒不了十多岁的孩子。而且好多老师都感叹，不管教师怎么激情朗读、引导，当今的孩子总是无动于衷，甚至有一种埋怨，不知道感恩，不知道母亲的不易。但是，凡读过这一课的成人，都会感动，尤其是男人，一直忙碌着不能常回家看看的男人。所以，对于打动小孩子我是不抱希望的，只是想做一个起点式的教学。作者写这篇文章，用文字记录着这件事，其实就是文学中的"时间维度"一词的再现表达。作者其实内心感觉到了这一抱来得太迟了，感觉这一抱让时间倒流，这就是文字表达时间维度的价值。很简单地想，只要学生能够知道"树欲静而风不止，子欲养而亲不待"的道理即可。没想到，20年来，第一次在课堂上情绪失控，我们一起哭得不能自已。

　　熟读课文后，围绕三个问题："第一次"突发奇想是怎么来的？回忆了哪些往事？母亲流出的是什么样的泪水？第一次"使劲一抱"，没想到母亲轻轻的，我用力过猛，差点仰面摔倒。一个"轻"唤醒了作者那历史性的回忆，时间往回走了，这种思绪谁也挡不住。但"轻"字的回忆不足以引起人们阅读上的共鸣，关键是往前走了一步，让"第一次"有了世界上独特的"第一次"，那就是"我突发奇想……"、"轻轻地摇动"、"两行泪水从母亲的眼角流下来"。这一个动作接着一个动作的出现，一件过去与当前的情景，作者能不记下这世间独特的感受吗？ 什么时候抱母亲？病的时候？母亲即将离开或者离开人世的时候？母亲实在不能动的时候，抱就会自然而然出现，这就是本课告诉人们的"迟来的回报"……这一切孩子怎么可能体会到？别说孩子，就是我们许多大人也难以体会到，这就是"时间，一定会让许多人明白"。

孩子们对于别样的泪水感受颇多，幸福的泪、开心的泪、甜蜜的泪、欣慰的泪、温暖的泪……

这篇文章写的是中国式母亲，现在的大多数中国母亲还是这样。中国式母亲真的非常伟大，一生一身挑多少重担，把奉献写在了一辈子的历程中，爱得忘记了自己。在阎维文的《母亲》中，细腻而简单地表达，"你雨中的花折伞有人给你打，你躺在病床上有人掉眼泪，你露出笑容有人乐开花……这个人就是娘，这个人给了我生命，给我一个家。"当歌声飘荡在教室里的时候，一张张小脸开始严肃起来，我看到，史佳仪大眼睛里闪着泪花，吴雨涵掩面，田家博趴在桌子上，生怕别人看见。史佳仪的妈妈有残疾，而且一个人带孩子，可能她更能体会妈妈的含辛茹苦。歌声停止的时候，我已经控制不住眼泪，"谢谢你们，我以为你们体会不了这朴素而深沉的爱，谢谢你们对妈妈的爱奔涌在这里，别让拥抱迟到，别让爱埋在心底而成为遗憾……"

"老师，给你！"在泪眼蒙眬中，一张面巾纸递到我面前，眼泪再一次没忍住。

那些人 那些事

——四年级《城南旧事》读书交流会

一、说说《城南旧事》和林海音

这个月，我们大家共同读了一本书，这本书的书名是《城南旧事》。今天，我们开一个读书交流会，我们交流会的口号是——想说就说，不怕说错。

1. 那就请大家先说说为什么这本书用《城南旧事》来命名？

2. 你对作者有哪些了解呢？看了资料，你对林海音又多了什么了解？

3. 为什么要写这本《城南旧事》？

小英子忘不了清脆的驼铃声、忘不了新帘子胡同、忘不了满院的花儿、忘不了童年的歌谣，她要把这些都留下来。读：我默默地想，慢慢地写。看见冬阳下的骆驼走过来，听见缓慢悦耳的铃声，童年重临于我的心头。

二、了解整体结构

1. 重临小英子心头的有哪些故事？从哪里可以在最短时间获得这本书的大致内容呢？了解一本书，我们可以先看看目录。

2. 看了这些目录，你的眼前出现了哪些人？

3. 大家说了这么多的人，有些是主要人物，有些是次要人物，当我们要把这么多的人理清楚关系的时候，就可像这样归类，画图。谁能看懂这张图？

4. 中心人物是小英子。等你们以后读《红楼梦》，其中有大大小小九百多个人物，金陵十二钗就够你乱的。用这种办法可以理清人物关系。

三、中心话题

这本书是以小英子童稚的眼睛来看大人的世界，就像她总也搞不清哪里是天，哪里是海一样，有些事情她弄不清楚、搞不明白，例如：

1. 藏在茅草堆里的青年是不是坏人？说说理由。

其实，在那个时代，兵荒马乱的年代里，老百姓是没有安定的好生活的，有时候生活也不是自己能安排的，将来等你们长大了，再来看这本书，也许就会有新的认识。人是很复杂的，不会在头上写着"好"或者"坏"，当你不会简单看问题的时候，你就渐渐长大了。

2. 宋妈爱不爱小栓子和小丫头子？

既然爱，为什么要抛下孩子到英子家做奶妈？她的丈夫是怎么样的人？宋妈生活在那个时代是多么痛苦啊，她去寻找生路。为什么说"不要小栓子，不要小丫头子"？

3. 除了这些搞不懂的事情外，还有很多有趣的事情，说说有什么？

四、你有哪些童年旧事？

这些散发着童年味道的文字，都是我们记忆中的珍宝。无论是惠安馆的小油鸡，拉着乌金墨玉的骆驼，还有满院子的夹竹桃，都不会再来了，这些都成了我们永远的记忆。当爸爸的花儿落了，爸爸永远地走了，当骊歌想起的时候，我们的心里也氤氲着一层淡淡愁绪。不管怎么样，曾经的故事就在我们的记忆中，就像今天这节课，当若干年后，你是否记得有这样一个清晨，这样一个老师，和你们一起读过一本书，书名是《城南旧事》。

课堂有"度"

——《蒲公英》评课

朱雯文老师所执教的《蒲公英》一课，是一则童话故事，全文采用了拟人的手法，写了蒲公英的种子对太阳公公的嘱咐有不同的想法和做法，结果命运也各不同。从而告诫人们做事不要被表面现象所迷惑，要实事求是，不要有不切实际的幻想。

朱雯文老师呈现给大家的，则是一节"以生为本"的，"有温度、有深度、有梯度、有趣味度"的阅读课，让我们发现原来教语文、学语文就是如此开开心心、简简单单。

1. 温度：从开始的师生互动——"我真棒！你真棒！"让学生以愉快、自信的状态投入学习，迅速点燃学生的学习热情。从朗读小降落伞的"飘荡美"，读到太阳公公嘱咐的"语重心长"，最后读到花儿"竞相开放"美，始终保持着课堂的温度，如泉水涓涓，细细流淌。

2. 深度：童话故事的哲理，是有深度的。但是朱老师深入浅出，让学生通过"劝诫"小种子，达到自读自悟。通过师生表演的方法，寓哲理于生活，如春雨默默，滋润无声。

3. 梯度：三年级学生用"嘱咐"造句的训练、朗读训练、口语交际训练，逐层进行，体现了年段特点。

4. 趣味度：整堂课在朱老师亲切、风趣的话语中进行，孩子们觉得趣味盎然，如同与邻家姐姐对话，自在开怀。

入情入境　自悟自得

——《海底世界》说课设计

人教版小学语文第六册第23课《海底世界》是一篇常识性的文章，它以生动有趣的笔法从"光"和"声"两方面描述海底的景象，从动物、植物、矿物等三方面介绍海底的物产，认识海底是个景色奇异、物产丰富的世界。

一、说教材

《语文课程标准》指出：语文阅读教学是学生、教师、文本之间对话的过程。新课程理念强调教师不能代替学生读书，代替学生感知，只能让学生自己读书，自己感受事物，自己观察、分析、思考，从而使他们学会学习、学会发现。所以，我将本课的教学目标中的知识目标设计为：学会本课14个生字；情感目标设计为：有感情地朗读课文，能背诵、摘抄写得好的句子；感悟目标设计为：了解海底是一个景色奇异、物产丰富的世界。激发学生热爱自然、探索自然奥秘的兴趣。

我想以读为本，用"感悟语言"代替"理解语言"，让学生通过文字、音乐、图片，调动多个感官，体验海底的光和声，体验海洋动物的有趣，使每个人从自己内心享受自己读书独特的乐趣。

二、说教学过程

《海底世界》安排在第六组的第三课，这一组文章，无论是写荷花，还是写雨中的小朋友和行人，沙滩上的小姑娘和画家，都没有离开一个字——"美"。这些课文赞扬了大自然的景物美和人物的心灵美，所以文章的重点在于感受作者描写景物的"美"。我将文章中第一部分描写"海底景色奇异"视为文章重点，将感受海洋中各种动物不同的活动方法视为难点。如何突出文章的重点，轻松有效地突破难点呢？我将教学过程设计为四大版块：

1. 创设情境，激趣导入。自由朗读课文——再现美

这一版块我充分利用具体形象，创设典型场景，激起学生的学习兴趣，把遥不可及的内容推到孩子眼前，引起他们对文本朗读的欲望，从而自由朗读课文。

2. 通过多种朗读和语文实践活动，感悟海底景色奇异——体验美

学生喜爱多种多样富于变化的朗读，更喜爱丰富多彩的语文实践活动。作为重点的这一版块，我将采用"我是潜水员"、"戴上海底听音器"、"模仿小动物发声"等多种活动，让学生在不同的朗读形式中感悟海底"光"和"声"之美。

3. 合作学习海底物产丰富——领悟美

通过默读课文和小组找出海底物产，让学生合作去发现和领悟海底的动物多、植物多、矿物多。再利用各种动物不同的行动方法，领悟海底动物的有趣。

4. 版画粘贴"海底物产"——创造美

通过师生合作版画粘贴"海底物产"，体会结尾的精彩，让学生自悟自得中读出赞美之情。

三、说教法、学法

语文学习教无定法，重在得法，施教之功，贵在寻学。语文学习不仅要帮助学生学习和掌握知识，尤为重要的是学会求知，学会学习的方法，变"我学会"为"我会学"，真正实现"教是为了不教"的目的。

本文在教法上通过诵读感悟，实现语感积淀，使学生感受到语言文字所描绘的鲜明形象，引起学生对课文事物的关注，入境生情，促进学生自悟自得，铺设阶梯，辅以课件，品析词句，使学生在图、声、乐、情中自己学习。为学生努力营造和谐、平等、愉悦的教学氛围，建立亲密融洽的新型师生关系，培养学生自主、自信的学习品质。同时在合作中关注学生的发展，让学习过程不仅成为增加知识的过程，同时成为学生身心和人格健全的过程，让鲜花和小草都得到阳光。我想在课堂中实施赏识教育，运用赞赏性的语言、眼神、神态和学生交流，达到心有灵犀的激励效果。同时建立评价机制，体现"以学论教，教为了促学"的导向。关注学生在课堂中的表现，生生互评，师生

互评，小组互评，学生自评，使评价具有个性化、多元化、人文化。

　　总之，我想通过学生个性化的朗读和丰富多彩的实践活动，使学生在轻松的环境中与文本交流，我想用"真心"上出课堂"纯"的境界。

读懂一棵树

——《青海高原一株柳》教学设计

教学目标：

1. 有感情地朗读课文。

2. 凭借具体的语言材料，想象课文描绘的情景，感悟青海高原上的这株柳树身处逆境所表现出的强大的生命力。

教学重点、难点：

感悟青海高原上的这株柳树身处逆境时所表现出的强大的生命力。

教学过程：

一、复习旧知，整体感知

1. 这一株柳给你留下怎样的印象？

2. 从发言中听出来大家对这株柳树的敬佩之情。

二、自主研读，交流共享

1. 请同学们仔细默读文章，从文中哪些语句中可以感受到青海高原这株柳的神奇？把它画出来，在旁边写下自己的感受。

2. 师巡视了解学情。

三、交流共享，感悟顽强

（一）环境恶劣

1. 你是从哪些语句中感受到青海高原这株柳的神奇？

2. "在青海高原，每走一处，面对广袤无垠、青草覆盖的原野，寸草不生、青石嶙峋的山峰……心头便弥漫着古典边塞诗词的悲壮和苍凉。"

3. 你从哪些词语中读出这种感受？

"广袤无垠"、"寸草不生"、"青石嶙峋"、"深邃的蓝天"、"凝滞的云团"

4.指名读这几个词。（词语有温度，言语表心声，把词语读好。）

5.听同学们读这些词语，我不由得想起唐代著名诗人王昌龄的诗句："青海长云暗雪山，孤城遥望玉门关。黄沙百战穿金甲，不破楼兰终不还。"那悲壮与苍凉让人心头一震啊！

6.谁愿意说说自己心中的感受？（生自由说自己想到的边塞诗词或心理感受）

7.就在这广袤无垠、青石嶙峋的高原上，我们的眼前突然出现了一株绿色的柳树，给你什么感觉？(惊讶、惊奇……)

8.作者的这种感受在文中是如何表达的？请你读出惊讶、惊奇的感觉。

过渡：哦！这是一株怎样的柳树呢？让我们看一看它吧！(出示描写柳树的语言)

（二）旺盛的生命力

"这株柳树大约有两合抱粗，浓密的树叶覆盖出百十余平方米的树荫……它巍巍然挺立在高原之上，给人以生命伟力的强大感召。"

1.指名读并谈感受。(生命力的旺盛)

2.你从哪些词语感受到它生命力的旺盛？

①"两合抱粗"，师生演示感知柳树的粗壮。（板书：粗壮）

②"百十余平方米"，一间教室大约有五十平方米，一株柳树的树荫大约有两间教室那么大。（板书：高大）引导学生读好"两合抱粗"，读中想象"两合抱粗"的样子，再次感受柳树旺盛的生命力。

3.在如此苍茫荒凉的原野上竟生长着这样一株高大的粗壮的柳树，这个"哦"里还有什么情感在其中？(赞美、赞叹……)

4.指名读"哦"。想读好这个"哦"，先倒吸一口气，然后慢慢地读。

小结：这样高大的一株柳树竟能在这如此荒凉、如此悲壮的青海高原上生长起来，壮大起来，真是神奇啊！

（三）艰难的生存

你还从哪里感受到这株柳树的神奇？

1.从"干旱和寒冷绝不宽容任何一条绿色生命活到一岁。然而这株柳树却造就了一个不可思议的奇迹。"感受到青海高原这株柳树的神奇。引导"绝"

的理解。你能用"绝"字对青海高原上的植物说一句话吗？

2."不单是柳树，其他的植物也活不到一岁，青海高原上的夏秋两季连续不下一滴雨，最冷的时候零下几十度，在这样的环境下，一茬又一茬的柳树苗子全毁了，只有这一株活了下来，而且长得如此高大粗壮，神奇吗？"从文中找到这一段读一读。

3.生齐读此句。（干旱和寒冷绝不宽容任何一条绿色生命活到一岁，然而这株柳树却造就了一个不可思议的奇迹。）

4.创设情境，补白对话

这株柳树造就了一个奇迹，又有谁知道这奇迹的背后隐藏着多少不为人知的艰辛与磨难呢？出示"长到这样粗的一株柳树，经过多少虐杀生灵的高原风雪，冻死过多少次又复苏过来；经历过多少场铺天盖地的雷轰电击，被劈断了枝干又重新抽出了新条。它无疑经受过一次又一次摧毁，却能够一回又一回起死回生。这是一种多么顽强的精神！"

①烈日炙烤着大地，一连半年不见一滴水，厚实的土层渐渐裂出了缝，这株柳它……(生想象着说)

②刺骨的寒风割过人们的脸颊，其他植物早已被风雪吞噬，这株柳它……

③一声惊雷在天空乍响，闪电无情地劈下时，这株柳……

④像这样严酷的考验只有一次吗？（板书：这是一种多么顽强的精神）

⑤面对一场场虐杀生灵的高原风雪，它挺过来了，这是一种_____精神！

⑥历经一场场铺天盖地的雷轰电击，它挺过来了，这是一种_____精神！

⑦经受一次又一次摧毁，它挺过来了，这是一种_____精神！

5.比较感悟

①当青海高原这株柳树正在风雪雷电中为了生存而苦苦支撑、拼命挣扎、孤独煎熬时，它的同类那些平原的柳此时可能在做些什么？

②婀娜多姿、风情万种地在风中摇曳；为那些依依惜别的人们所钟情，所青睐……

③出示图片：杨柳依依、柳色青青和柳树的诗句。

"碧玉妆成一树高，万条垂下绿丝绦。"——贺知章

"渭城朝雨邑清晨，客舍青青柳色新。"——王维

"两搓金缕细，烟裹翠丝柔。"——戴叔伦

……

6. 瞧！这些平原的柳树不仅生活环境优越，还被诸多诗家词人冠以殊荣，使它们光芒四射。而同是柳树的青海高原的这一株柳树，为了保存生命却要付出怎样难以想象的艰苦卓绝的努力呢？况且还要忍受长年累月的孤独与寂寞，长久以来没有任何一株柳树与它为伴，面对命运如此不公的待遇，它是怎样做的？

7. 齐读最后一自然段。这是一种多么顽强的精神啊！

四、由物及人，深化形象

师：站在这株柳树的面前我不由得想到一个人，海伦·凯乐，她就像青海高原这株柳（在遭受又聋又瞎的残酷打击下还能聚合全部身心之力学习各国语言，最终成为一名世界杰出的女性。）你呢？你想到了哪个人？哪句名言、诗句？

出示：站在这株柳的面前，我不由得想到一个人（　　　　　），他（她）就像青海高原这株柳（　　　　　　　　　　）。

五、总结全文，放飞希望

同学们，在人生的道路上生活和命运不可能绝对的公平，但只要我们心中一直充满希望，凭借自己超乎想象的毅力和韧劲去努力，生命就一定会产生奇迹，就像青海高原的这一株柳一样展现出属于自己的生命的光彩！

嫦娥不悔吞灵药

——《嫦娥奔月》教学设计

教学目标：

1. 正确、流利、有感情地朗读课文，复述课文。

2. 学会9个生字，理解由生字组成的词语。

3. 借助课文具体的语言材料，领略课文的意境美，感受嫦娥的心地善良、舍己为民的品质。

4. 通过语言的品味、朗读、感悟，充分感受人物的外在表现，进而走进其丰富的内心世界，获得情感的陶冶与心灵的荡涤。

教学重、难点：

借助文本的朗读、理解，感悟文字，感受人物特点。

教学过程：

一、诗词复习导入

1. 苏东坡曾有词曰："我欲乘风归去，又恐琼楼玉宇，高处不胜寒。"在那空旷冷清的月宫中，没有亲人，没有温情，可是，射日英雄后羿的妻子嫦娥为什么要奔向这寂寞清冷之地？今天，我们继续学习第10课：嫦娥奔月。

2. 通过熟读课文，我们知道了这篇神话中的主人公是后羿、嫦娥、逢蒙，文章按照"射日、奔月、思念"的顺序来写的。

二、品读"射日"，感受后羿的"勇"

1. 自由朗读第一段。

2. "苦难"是什么？用组词的方法解释：痛苦和灾难。人们的苦难是什么？天上的十个太阳的炙烤。

3. 后羿如何解救人们的苦难？动作词语"登上、运足、拉满"，做一做，体会，朗读出后羿的"勇"。

三、精读"奔月"，感受嫦娥的"美"

1. 柔美——善良，常常接济乡亲们。创设情境理解"接济"：你瞧，隔壁的赵大娘年老体弱，无米下炊，嫦娥知道了，于是_____；村西的李大嫂家都没钱给孩子扯身衣服遮羞，嫦娥知道了，于是_____……这种物质上的帮助就叫"接济"。再加上那个"经常"，难怪"乡亲们都非常喜欢她"。

2. 壮美——与奸诈的逢蒙周旋。师生合作再现情境理解"周旋"。

师扮演逢蒙：嫦娥，快把仙药交出来！什么？我没有病，早晨我是装病呢，我才不要这些草药！什么？你不知道？我看见后羿就收到这个箱子里了，快拿出来，要不然我就杀了你！你让开！（翻箱倒柜），在这儿呢！啊！你怎么给吞了！

3. 优美——嫦娥吃了仙药，突然飘飘悠悠地飞了起来。她飞出了窗子，飞过了洒满银辉的郊野，越飞越高。碧蓝碧蓝的夜空挂着一轮明月，嫦娥一直朝着月亮飞去。（出示图片）指导朗读。

4. 凄美——嫦娥奔月就意味着她与丈夫诀别，意味着她美好的家庭将破碎，意味着乡亲们再也见不到这个美丽善良的女子了。后羿呼唤着"嫦娥——嫦娥——"他往前走三步，月亮就向后退三步，再也见不到自己的妻子了。此时在月宫里的嫦娥会想些什么呢？

四、略读"思念"，感受甜美

乡亲们想念好心的嫦娥，在院子里摆上了嫦娥平日爱吃的食品，遥遥地为她祝福，从此以后，每年八月十五，就成了人们企盼团圆的中秋佳节。此时此刻，苏轼的词中《水调歌头》：人有悲欢离合，月有阴晴圆缺，此事古难全。但愿人长久，千里共婵娟。让我们一起为嫦娥祝福吧。

五、练习复述、课后拓展、引申课外

1. 李商隐的诗中《嫦娥奔月》的版本是这样的：

云母屏风烛影深，长河渐落晓星沉。

嫦娥应悔偷灵药，碧海青天夜夜心。

如果我们用现在这个版本改一改其中的用字应该为：

嫦娥不悔吞灵药，碧海青天夜夜心。

2、美的力量是永恒的。《嫦娥奔月》的故事从远古一路走来，尽管一走就是数千年，可人们还是由衷地喜欢她，还有很多这样的民间神话故事，例如爱情故事《梁山伯与祝英台》《白蛇传》《牛郎织女》，还有像《后羿射日》《精卫填海》《夸父逐日》……这些故事都等着大家去阅读、去体会、并且一辈辈传诵下去。

下课！

【备课资料】

"嫦娥奔月"的"奔"，究竟该读第几声呢？要说清这个问题，我们就得先了解这个神话故事的来源。这个故事最早见于《淮南子·览冥训》："羿请不死之药于西王母，姮娥窃以奔月……"高诱注云："姮娥，羿妻。羿请不死之药于西王母，未及服之，姮娥盗食之，得仙，奔，入月中，为月精也。"仔细揣摩原文，这儿的"奔"实为逃跑的意思，因为嫦娥未经丈夫允许，是"窃"，是"盗食"，怕羿责罚，所以逃跑到月宫里去。"奔"的本义是跑，急走。引申作逃跑。这在古文献中是经常用到的，如《春秋左氏传》："晋灭虢，虢公醜~京师。"据此，我以为"嫦娥奔月"的"奔"读第一声比较恰当。有的老师说，课文中的嫦娥并不是偷吃了不死药，也不是逃跑到月宫里去的，怎么可以将"奔"解作逃跑呢？这么问也是有道理的。所以我们也可以换一个角度来研究这个问题：不将"嫦娥奔月"作为一个典故来看，而是作为课文中这个民间故事的题目来看，将"奔月"解作直奔月亮，将"奔"读作第四声，也是说得通的。

"争"中有趣，"斗"中有理

——《鹬蚌相争》说课设计

这堂课的教学，想突出一个"巧"字。巧抓课题，巧学字词，巧设朗读，巧解内容，巧悟寓意。然而，这些巧，都是一眼看得见的巧。这堂课的教学，还有一种深层次的巧，那就是把语言学习与人文感悟巧妙地融为一体。

解题时，好像是在学识字，又好像是在把握形象，学识字与把握形象融为一体；学习词语时，好像是在理解词语，又好像是在理解故事情节，学词语与理解情节融为一体；书写生字时，好像是学写字，又好像是在把握课文主要内容，学写字是与把握课文内容融为一体；重点段的朗读，好像是在朗读，又好像是在体验课文情感，学朗读与悟情感融为一体；收尾的一环，好像是在领悟寓意，又好像是在进行语言拓展训练，领会寓意与语言训练融为一体。从头到尾，言与意，分不开，剪不断。阅读教学，得意忘言，显然不可取；得言忘意，同样不可取；既得言又得意，但言意油水分离，还是不可取。唯有言意兼得且融为一体，才是巧境界、高境界。

1. 巧学词语。把教词语变成听故事、看表演，一个个寻常的词语，在不经意的组合中充满生命活力，先把词语抽出来，再到情境中去学，遵循了词语学习的规律。

2. 巧读争斗。此处阅读并没有着眼于朗读技巧，而是设计成"站、坐、趴"三个层次朗读，让学生进入争斗的情感体验中，把情感体验居于首要位置。

3. 巧悟寓意。在轻松的想象中理解寓意。初步读懂文章后，并没有急于问明白了什么道理，会给三年级学生造成思维障碍，最后往往是教师给出结论了事。现在，给了学生对话情境，在对话中轻松悟出了寓意。这样化难为易，切合三年级儿童思维特点顺势而为，无雕饰、外加之嫌。

可见，一堂课要有求变创新的精神，善于对教材进行再创造，提升自我的素养，才是提高课堂效率的必由之路。

文言文，从这篇开始

——《矛与盾》教学设计

一、创设情境，引入课文

在我们中国灿烂的历史文化中除了唐诗宋词，还有很多精粹，例如古代的寓言故事。我们以前也学过寓言故事，知道了寓言是通过一些有趣故事来说明一个深刻的道理，谁还记得我们学过哪些寓言故事呢？对了，今天我们要学的是文言文的寓言故事，这些故事短小精悍，让我们跟随古代的思想家韩非子一起走入两千多年前的集市，看看在这个热闹的集市上发生了一件什么事？今天我们就来学习寓言故事《矛与盾》。

1. 板画出矛与盾。

2. 谁来说说这两样东西都是做什么用的？

今天我们学的古代寓言就与这两种兵器有关。

二、自读课文，交流收获

1. 自由朗读课文。

2. 要想读懂这篇寓言的意思，应该用什么办法呢？

3. 你知道了什么？

三、精读课文，情景再现

1. 吾盾，莫能陷也。谁来做这个楚人，夸夸你的盾怎么样？这面盾坚固吗？看来你是初次经商，还没有体会到商人的心情。夸得还不够！假如你是他，你为了卖出自己的盾，会怎样誉盾呢？想象一下当时的情景，先自己吆喝吆喝，练习一下。

2. 我们借助注释读懂了第一句，那个楚人在那儿一个劲儿地吆喝，他话虽不多，但很有用意，这个楚人很会做生意！不信？咱们接着往下读。

3. 明确盾是坚固无比，天下无敌了。矛也要好好夸夸，要不可没人买！

谁再来读这句,夸夸这支矛？大家听听这样吆喝卖得出去吗？你现在就是楚人,想象一下你在集市上叫卖的样子。

4.集市上可真热闹！楚人的一番吆喝吸引了不少的围观者。你们看！有白发苍苍的老者,有年轻气盛的小伙子,有活泼俊俏的姑娘,还有一脸稚气的孩子。那听了楚人的一番吆喝,到底有没有人买呢？

5.听了旁人的质问,那个楚人有什么反应呢？

四、明白寓意,背诵文章

1.你在生活中遇到过类似自相矛盾的情况吗？

2.咱们不仅把这则寓言读通了、读懂了,而且还明白了其中蕴含的道理,分读一下文章。

3.背诵文章。

五、课外延伸,寓言故事会

我们的国学博大精深,希望同学们多涉足这些文章,远离网络语言和英文侵占,相信你们有这样的能力,相信我们的灿烂文化会在每一位同学手中传扬。

课堂对话霍金

——《向命运挑战》教学片断

对霍金知之甚少，只知道是个大物理学家，不能说话，不能动，但是有伟大的思想、卓越的著作。所以，就和学生们一起学习，不由得感叹：伟人真的不是普通的人。伟人不仅仅是因为智慧超人一等，还有那种向命运挑战的坚韧、执着、不屈，是无法用任何的语言来表示钦佩的。

本以为以学生的情感储备来看，无法体会霍金非常人的顽强意志，可在与霍金网上聊天这个环节，学生们的模拟网上聊天才让我体会到：千万别低估这群孩子们。选了三个平时读书较多、语言表达较好的学生扮演霍金，其他同学发问，我是记录员。选举一二，省得时间久了，把闪光的思想和语言忘记了。

生：伟大的霍金先生，您不会觉得命运对您太不公平了吗？

霍金：命运对每个人都是公平的，他给你关上一扇门的时候，还会给你留一扇窗。我对命运说，大不了就是一死嘛，我最欣赏中国人的一句古话：人固有一死，或重于泰山，或轻于鸿毛。为什么不将这短暂的生命过得有意义呢？为什么不给生命画上最光彩的一笔呢？（掌声）

生：如果您有健康的身体，您最想做的事情是什么呢？

霍金：海伦凯勒说，假如给我三天光明，我想，假如给我一个健康的身体，我最想去百家讲坛给中国的学生讲一讲宇宙的奥秘。（笑声和掌声）

生：当病魔一点一点吞噬您的身体的时候，您有没有想过放弃？

霍金：当然想过，当我不能翻书的时候是多么痛苦，不能自己吃饭不能说话更是痛苦。可每次我的思维飞出太阳系、飞向宇宙的时候就忘记了痛苦。

生：是什么力量一直支撑着你，可以用两只手指完成那么深奥的著作？

霍金：坚持坚持再坚持，努力努力再努力。

生：您创造了一个完美的天体理论系统，能否介绍一下呢？

霍金：想要了解我的理论系统吗？请看《时间简史——从大爆炸到黑洞》。（笑声和雷鸣般的掌声）

随机潜入课　引入细无声

我的学生们喜欢叫我"乐乐姐姐"。原因有二：一是上语文课时很快乐，二是像姐姐一样的朋友，能和他们一起唱歌、朗读，一起玩耍，一起背诵古诗文，一起写作文……尤其喜爱课前的五分钟准备时间，总是充满了欢乐和出其不意。我愿意给他们每一节课一个良好的开端，整理已经疲惫的头脑，唤醒阅读文本的兴趣，积累千古美文的精华。所以除了一些常用的引入课文方法，如：开门见山、歌曲、猜谜语、讲故事、创设情境外，我还会随机，用意想不到的语言，悄无声息地给学生搭起一座与文本交流的桥梁。

一、利用"课前积累"引入

让孩子们背诵名言警句、成语或古今美文，已经成为大家公认的丰富人文素养、拓宽语文学习天地的好途径。在课前积累的种类很多，我不是纯粹要求背诵，而是会经常对一些词汇和语句作以解释和拓展，把学生不知不觉引入当堂要阅读的文本。如：学生在背诵一些关于景物描写的成语，我把这些成语如串珍珠一样穿起来，引入课文——《珍珠泉》。

夕阳西下，我整装待发，夕阳如丹时来到了水绕山环、富有诗情画意的珍珠泉。这里山清水秀、鸟语花香，泉水清澈见底，水泡泡恋恋不舍地离开水平如镜的"妈妈"，此时已是玉兔东升、月光如水……

二、利用"古诗文、现代诗"引入

经典的古诗文和光彩的现代诗联结着传统与现代，都是中国语言浓缩的精粹。《满江红》中"壮志饥餐胡虏肉，笑谈渴饮匈奴血"激起了学生心中澎湃的爱国情，每次背诵这两行时，都是热血沸腾、义愤填膺，利用这首词我引入课文——《长城砖》。

一块块长城砖见证着历史，她象征着中国人的智慧和勇敢，象征着中国历史的悠久和灿烂，象征着中国文化的博大精深，可她不知道自己的价值，

还妄自菲薄，觉得自己不如一块垒围墙的红砖，让我们一起来告诉长城砖！

《别问这是为什么》是一首感人的儿童诗，孩子把蛋糕、礼物、棉袄都藏起来，你别问这是为什么，他要送到丹麦，送给卖火柴的小姑娘。我用这首诗引入课文《小珊迪》，与孩子们心中的纯洁的感动共鸣。

三、利用"突发事件"引入

一踏进教室，就发现同桌二人面红耳赤、怒目圆睁。我笑了，问道："苏杭，闹矛盾了？"他吞吞吐吐地说："她……不让我……进去。"同桌委屈地说："他把我一把拽开，都碰到桌子上了。"我连忙抓住这个机会说："苏杭，老师敢和你打赌，以后你还会把同桌一把拽开，你说呢？"他立刻又点头又摇头："敢！我敢跟您打赌，不拽同学了。""真的？男子汉说话可要算数啊！我们今天还会遇见一对打赌的父子，到底是怎么回事呢？我们一起阅读《打赌》。"冷静地处理和机智的开场白不但解决了学生的小摩擦，还将学生带入新的课堂中。

总之，我想给孩子们一个快乐地感受中国文字的环境，想让语文课闪烁着人文精神和个性光彩，所以首先我送给他们一个细细无声、悄然潜入心里的开场白。

一节临时的科学课

同事生病，临时代了一节科学课。课本很精美，内容很有趣，实验材料也很方便（一个水槽、一根萝卜、一块橡皮、几个曲别针、若干木块），从物体的沉浮讲到浮力。我在文库又找了几个课件，死海不死的故事，盐水让鸡蛋浮出水面呀等。

进了教室，翻了学生的课本，才发现科学课形同虚设，已经被主课代替。也想起儿子五年级的时候，把一堆堆课本放家里，根本用不到。唉！你说操作能力、合作能力、探究能力、创新能力都在这一道道重复的习题里，一点点消磨殆尽了。

打开白板（这么好的教学用具闲置着），擦掉灰尘，调整投影仪，开始上课。我很少在课堂上大声说话，一来嗓子是自己的，二来，只有自己安静，学生才能不毛糙。重要的是你的储备足够吸引住他们，你的教育热情足够感染他们，孩子们是最能看人下菜碟儿的，几年下来，三两下就能知道这个老师的水准，靠"疾言厉色、淫威吓唬"绝对征服不了他们。

这一节浮力是初中物理的初步认识，男孩子们表现出空前的热情，对潜水艇的原理那是头头是道，我自己也感觉愉快。不知不觉就下课了，他们还追着我问死海的地理位置。

我的语文感悟

＊在流转不息的生命之轮中，我为语文而来！是语文滋润我粗糙的感觉，是语文放飞我稚嫩的幻想，是语文点燃我喷涌的激情，是语文唤醒我沉醉的智慧。我平庸的生命，因为语文而精彩！

＊我们的母语重情性、重意会、重简约、重自悟，我们的语文教学理应重情性、重意会、重简约、重自悟。一堂好的阅读课应该"关爱生命、着眼发展、以学定教、发扬民主、以读为本、以情感人、强化语感、引导质疑、敏于点拨、鼓励创见"。

＊一堂好的语文课，存在三种境界：人在课中、课在人中，这是第一种佳境；人如其课、课如其人，这是第二种佳境；人即是课、课即是人，这是第三种佳境。境界越高，课的痕迹越淡，终至无痕。因此，课的最高境界乃是无课。

＊以情带读，读中悟情是"情感派"阅读教学的立身之本。"以情带读"的"情"，是融合了思想、智慧、体验、想象、灵性的情，是充满了生命活力的情，是求真、向善、爱美的情。以情带读，带出的是饱含深情的读、是全神贯注的读、是多元感悟的读、是个性飞扬的读、是融会贯通的读、是出神入化的读。以情带读，还自然带出读的技巧、读的节奏、读的旨趣、读的韵味、读的神采。

＊把课文读通，对多数学生来说并非易事。朱熹有言："凡读书，须字字响亮。不可误一字，不可少一字，不可多一字，不可倒一字，不可牵强暗记，只是要多诵遍数，自然上口，久远不忘。"问题在于，这样读书，有人不屑一顾，有人不以为然，有人不了了之，也有人不知所措。学生的读书水平普遍不高，这不能不说是一个重要原因。把功夫扎扎实实地花在读原文上，这是学好语文的金玉良言。

＊语文是功利的，那是学生的立身公器；语文是科学的，那是学生的思维之剑；语文是审美的，那是学生的精神家园。语文是一面多棱镜，折射着

功利、科学、审美的缤纷色彩；语文是一个万花筒，演绎着实用、真理、情性的大千气象。说到底，语文是人的，只有全面而深刻地把握好人与语文的关系，语文才会喷射出缤纷的色彩、激荡起大千的气象。

课堂教学十五烦

一烦：明明有黑板，偏要贴卡片，美其名曰省时间，实际板书不过关。

二烦：课件连成片，一屏一屏晃人眼。

三烦：你真棒，你真行，你真聪明挂嘴边，弄得学生空喜欢。

四烦：左一问，右一问，问得学生不着边。

五烦：堆积材料乱拓展，正事干不好，闲事忙不完。

六烦：课堂上把学生叫孩子，新的理念是伙伴。

七烦：朗读课文音不正，以读代讲就算完。

八烦：选择你喜欢的方式读，喜欢哪段学哪段。

九烦：学习目标不明确，没有航标乱行船。

十烦：理解教材很肤浅，蜻蜓点水就算完。

十一烦：语文上成思品课，偏离教材扯得远。

十二烦：评价方式太随便，随手发些小图片。

十三烦：动不动就讨论，滥用显得很随便。

十四烦：行不行就表演，挤掉阅读好时间。

十五烦：形式花样多变换，热闹半天无发展。

让课堂散发生长的气息
——李政涛讲座记录

印象——独特的讲课方式

在所有的报告中，只有他的讲座最特别。没有演示文稿，打开手提，大屏幕上出现一个空白文档，李教授一边讲述，一边灵巧地在键盘上敲打出课题，然后，一个个关键词句，便随着他的讲述和手指的敲打，不断出现在大屏幕上，牢牢吸引着听课者的目光。融讲、写、记为一体。手脑并用，有张有弛，显得从容不迫，更显出现代专家的务实的精神和高超的能力和水平。他引用大量的教育案例及教育小故事，从日常教育生活中的细节入手，对各个观点作了详尽的理论阐述和实践分析，令人易于接受。报告中那信手拈来的大量翔实的资料，不经意中流露出的深厚的理论功底，其理性的分析，鲜明的观点，丰厚的底蕴，严谨的思路，务实的作风，等等，无不让人为之折服。尤其是他那胸怀祖国的情怀更是感染着我们每一位听报告的老师。虽然报告已经结束了，可余音袅袅，很多细节，似乎还在脑海中回放，忍不住咀嚼着、回味着。

李政涛教授认为我们的课要上成家常课，用了一个非常形象的比喻，他说公开课相当于宴会大餐，而家常课则是家常菜，宴会大餐我们偶尔吃一顿还行，吃多了就会生病，还是吃家常菜的好。公开课虽最能锤炼人，但家常课最养人。家常课是最真实的课，虽有缺憾，但有发展的空间。我们在成长的同时学生也在成长，那么课堂就有生长的气息了。所以我们的课堂要看看学生走出课堂和走进课堂在知识、技能、方法、能力、习惯上是否有变化，如果有变化，那么这就是理想的课堂，师生共同生长的课堂。

讲课的详细观点

一、什么是有效教学？

对于什么是"有效教学"？李政涛教授讲了以下四个观点：

（一）抓住一个关键字："实"。

（二）李政涛教授是叶澜教授的学生，他首先阐述了叶澜教授的"五实"：

叶澜教授认为，一堂好课没有绝对的标准，但有一些可供参考的基本要求，即努力去做到"五实"：扎实、充实、丰实、平实和真实。

1．"扎实"——一堂好课应是一堂有意义的课。对于学生来说，至少要学到东西，再进一步锻炼能力，进而发展到良好的、积极的情感体验，产生进一步学习的强烈需求。有意义的课，也就是一堂扎实的课，不是图热闹的课。

2．"充实"——一堂好课应是一堂有效率的课。一是看对全班多少学生有效率；二是看效率的高低。效率高的课，才称得上是充实的课，有内容的课。

3．"丰实" ——一堂好课应该是有生成性的课。即一节课不完全是预设的结果，而是在课堂中有教师和学生的真情实感、智慧的交流，这个过程既有资源的生成，又有过程状态的生成。这样的课可以称为丰实的课，内容丰富，多方活跃，给人以启发。

4．"平实"——一堂好课应该是常态下的课。课堂的价值在于通过师生碰撞，相互讨论，生成许多新的东西，这样的课称为平实的课。要淡化公开课，多上研讨课，不管谁在听课，教师都要做到旁若无人，心中只有学生。

5．"真实"——做到了以上几点，这种课应该是一堂有待完善的课。它不可能十全十美，它应该是真实的、未经过粉饰的、值得反思的、可以重建的课。只要是真实的，就有缺憾，有缺憾恰恰是真实的指标。

（三）理解一个关键词："有效"。

1．理解"三效"。一是"有效益"，就是能够达到教学目标；二是"有效果"，就是学生能够发展；三是"有效率"，处理好投入与产出的关系。

2．理解"八效"。

一是"全效"，要面向全体学生，而不是少数明星学生；

二是"广效"，视野要宽广；

三是"远效"，成效能持续长远；

四是"深效"，深度解读教材和学生；深到哪里去？以《"诺曼底"号遇难记》为例，好些教师将文中的"绅士"一词浅表地解释为"让女士先上救生船"。其实不然。轮船即将沉没，但乐队仍在演奏，方寸丝毫不乱；船长完全可以活下来，但他选择以身殉"船"；即使逃，也逃得像个绅士，无论何种境地，保持从容不迫、镇定自如，不至于六神无主、惊惶失措；无论情况发生怎样的变化，依然勇敢履行承担职责，不放弃责任。这才叫绅士。这篇教材所蕴含的"职责和责任的担当、承担责任的习惯"这方面的教育价值，却被教师的浅层解读给遮蔽了。

五是"强效"，关注兴趣和需要。强效的最高境界：老师一句话，影响学生一生。速算大师史丰收回忆自己怎么会走上研究算法的这条路上时，说过这样一件事：小学时的一次数学课，在学完乘法后，他问老师：乘法为什么要从右往左算，能不能从左往右算呢？老师说，那你试试看。正是这句话，让史丰收一发而不可收，从此与研究算法结缘。

六是"准效"，准确解读教材和学生。

七是"速效"，直接对准目标。

八是"奇效"，能化腐朽为神奇。例子一：语文课上，教师正范读一篇表现父子之情的文章，爸爸如何如何，当教师正声情并茂地喊出"爸爸"时，一学生在座位"哎"了一声，教室里哄堂大笑。教师顿了一下，并没有瞪这个孩子，却说道：这个同学在听老师朗读的时候，进入了角色，带着情感。我们明天上课前，我们就花5分钟请他介绍一下他是如何能够这样投入的，并请他读给我们听听。这位同学当天晚上在家"备课"到了11点半。

李镇西老师曾讲过一个故事。年轻的周老师问同学们——世界上有著名的四大宫殿，是哪四个？学生不知道，有一个学生说故宫，其他人都不知道，这时一个男孩子故意装坏，说还有"子宫"，学生哄堂大笑，这个男生知道自己闯了祸，很紧张。看周老师怎么处理——她走到学生面前，摸着他的脑袋说："你说得对。理由是——因为子宫的确是人类最伟大的宫殿。同学们，周老师，包括所有的人，都是在这伟大的宫殿里孕育，谈到她，不能用轻率的口吻，要充满对妈妈的尊敬。当然，这节课谈的是建筑上的宫殿，你的问题，留在生物课上讨论。"周老师化解了一触即发的冲突，而且不经意间给孩子们上了关于生命关于母爱的教育。

（四）思考三个问题：教什么？怎么教？教到什么程度？

1.教什么？如何确定教学内容，有两种方式：一是对照课程标准，二是对照学生发展需要。这里，要掌握"三个原则"：一是，学生已经会的和懂

的不教，只教不会不懂的；二是，学生自己能学会的，能读懂的，不教，教如果你不教学生学不会的，或者教了之后会更有进步和发展的；三是，你现在教了，学生也不会也不懂的，不教。

2. 怎么教？要结合教材内容、特点，结合学生的年龄特征和实际状况。没有最好的方法，只有最合适的方法。很多教师听名师的课后东施效颦，效果并不理想。这就要思考到底从名师那里学什么。当然要学技巧方法，但不能只学技法，要学思想、观点、精神。名师如参天大树，树会开花结实，技巧如花和实，醒目、易得，但从别人那里摘来的花，很快就会枯萎腐败，因缺了思想的根。学名师，就要善于"嫁接"思想的根，而不只是摘花摘果。二学成长历程。没有谁天生就是名师。名师也遭遇过困难、障碍。如于漪老师，70 岁时还讲过："与其说我一辈子做语文教师，不如说我一辈子学做语文教师。"这就是名师的品格！如今 80 岁了，还每年发表文章。在《岁月如歌》这本书中，她回顾了自己在语文能力方面的成长历程，这本书也可看作是其职业生涯的自传。

说到语言，教师要对三种语言敏感。一是对学科语言的敏感性。要能让学生在走出课堂后，用你的学科语言方式来表达。二是对学生语言的敏感。学生语言有错漏时，要及时纠正；有亮点、特长时，要积极鼓励。如有一次在常州听课，一男孩多次发言，内容说得很不错，但表达时"那个""那个"不断；教师在评价时，只是关注了孩子说话的内容，对其表达时的口头禅只字不提。试想，教师不指出，不纠正，也许孩子会"那个"一辈子。三是对教师语言的敏感。如听名师上课，要关注语言，培养倾听能力。参加各种会议，也要带着学习的心态，倾听的姿态，就能学到很多东西，如听别人表达时的视角，怎么表达才能打动听众，说服别人。当然含包括对自己语言的敏感，了解自己的语言风格、优点、毛病。于漪老师在《用语言"粘"住学生》中讲述了自己锤炼语言的历程：初上讲台，感觉自己的语言苍白、贫乏、口头禅多，普通话不准，就下决心锤炼。于是每天上班边走边想，上课开始讲什么，转折处如何过渡……下班后坐在公交车上一一回放，并思考如何改进、重建，如何让语言更生动、传神。几年后，一张嘴，就"粘"住了学生。

3. 教到什么程度？根据课程标准的要求，结合本校、本班实际，确定教到什么程度。

（五）必须明确"五个点"。这"五个点"是：知识训练点，能力培养点，方法习得点，习惯养成点，考试关注点。

二、应该建立怎样的"有效教学观"？

报告中，李政涛教授谈了自己的"有效教学观"。根据自己的理解，进行简要诠释。

1. 什么是好课？

一是看学生，看学生变化了没有？发展了没有？

二是看教育效果的持久性，走进课堂与走出课堂是否一个样？

三是看有无生长感。要想使教学具有生长感，要找到"三个点"：找到"挑战点"，给学生一种挑战；找到突破点，突破难点和障碍点；找到提升点，在原有基础上进行提升。"不生长"的课堂是无效的课堂，"被生长"的课堂是僵化的，"自生长"的课堂是绿色的课堂，"共生长"的课堂是理想的课堂。

2. 存在的主要问题。

一是有温度没有深度，我们可以称之为"滑冰课"，只是"滑行"而已。

二是有活动没有学习，没把活动过程变成学习的过程。

著名特级教师武凤霞说过这样一段话："在充满生长律动的课堂上，学习气氛不一定热烈，但要深沉，学生不能在文字中浮光掠影，要在思索中前行；不是在言说别人的思想，一定是在表达自己的心声。看一看，能感受到躬身前行的姿态，听一听，能体悟到生命拔节的声音。"

三、如何让课堂充满生长气息？

1. 课堂生长的前提。一是认真解读课程标准和教材，二是基于学生立场，认真解读学生。学生立场不等于以学生为中心，学生实际状态成为教育教学的起点和出发点，成为教学目标制定的依据。例如：学生已有什么？学生缺什么？困难和障碍是什么？差异是什么？三是关注学生的发展需要。

2. 生长的方式。

（1）开放的生长。什么是开放？一是从教师向学生开放，把课堂放给

学生，时间放给学生，空间放给学生，权力放给学生，课堂向每个学生开放。二是由唯一性向可能性、选择性、多样性开放。三是由书本世界向学生的生活世界开放，向体验和经验开放。

（2）扎实的生长。一是扎实在于清晰，目标清晰，思路清晰，方法清晰，学生清晰，指令和要求清晰。二是扎实在于细致，比如有效的小组合作包括以下四步：从两两合作开始，小组合作分工明确，小组代表发言，全班交流，组际互动。三是扎实在于生成，从点状生成到整体生成，从个体生成到全体生成，从浅层生成到深层生存，从错误生成到有益生成。四是扎实在于停顿。五是扎实在于持续。六是扎实在于运用。七是扎实在于及时反馈。八是扎实在于写练。

（3）优美的生长。著名特级教师薛法根说："课堂，呈现的应该不仅仅是'鲜花'，还应该有'花开'的声音，课堂上最美的声音是学生生命里'拔节'的声音。"

（4）温暖的生长。让课堂充满温暖的气息。

最后送给我们一句话：爱自己，就要栽培自己！转赠给大家：栽培自己，不一定要靠别人，每天都努力着，让自己的课堂充满着生长的气息，就是对自己最好的栽培。

第三卷
一场场美丽的相遇

　　创新的主张，丰厚的底蕴，缜密的思维，特有的默契，把教学活动引入艺术的殿堂，怎样做到？我愿意在思考、学习、交流中，丰富自己、发展自己，然后去影响身边的人，哪怕只有一个。

与你相拥

——我和陈琴的故事

题记：我一直希望能好好记录一下临潼之行，因为在那儿我遇到了许多好人……可是，我有一个致命的毛病，越是情深，越是无语……

——摘自陈琴博客

南木长于斯，必有乔。她，宛若南国一株木棉，燃烧着热情，跳跃着古韵；她，好似邻家一朵雏菊，温婉简约、默默无声；她，仿佛香茗中一颗茉莉，清香静谧、回味悠长……她，就是华南师范大学附属小学的陈琴。

期待，不仅仅是敬仰

初识陈琴，因为一个新理念——"素读"。感慨于她的学生对"经史子集"的兴趣盎然，折服于她的学生在课堂上引经据典、出口成章，惊叹于"背下十万字，读破百卷书，写下千万句"的壮志豪情。好老师是用学生说话的，很快，我便记住了这个在喧嚣急促的节奏下，守着一片净土、内存巨大、输出不断的陈琴。

2009 年的冬天，我在陕西临潼参加国家骨干教师培训。在讲座教师的名单中，我一眼就看到——陈琴。心潮不禁澎湃起来，连寒冷的教室也变得温暖。陈老师来的前一天，我上网搜到了她的博客——南木。细细读了博文后，才发现她还在担任班主任，每周给家长写信，每周的诵读、演讲她都记录下来，向老师们介绍看云的"请跟我来"，韩兴娥的"海量阅读"，似乎她只是个默默耕耘的劳动者，那些炫目的光环全然跟自己无关。

"周末，临潼期待与您相约，人群中采撷您散播在讲堂的花儿"，我在键盘上敲下了一行看得见的文字，却写不完心中的敬仰。

苦难，不仅仅是经历

不大的教室里春意融融，50 多个来自陕西各地区的教师，像在愉快地阅读一本厚重而清新的书。素面朝天、素色衣衫的陈琴，或唱或诵或讲，谈笑风生，娓娓道来，散发着浓郁的"中国味儿"。史上最长的对联，《声律启蒙》的任意篇章，《论语》《中庸》的信手拈来，让我们这些学员汗颜，能随口背诵的有几人？

"我吟诵的第一篇古诗是《清明》。在我很小的时候，外婆领着我给我的父母亲上坟。路上，她牵着我的小手，就这样清明——时节——雨——纷纷……我听着就难过。"大家愕然，鸦雀无声。陈老师有着怎样不同寻常的坎坷呀！可她依然从容安静地唱着诵着讲着，依然神采奕奕、文采飞扬。

讲座结束后的环节是互动，一个学员尖刻的问题，再一次让教室鸦雀无声："陈老师，您如此优秀，是不是因为您的环境好？您一定给同事们带来很多压力，他们都甘愿生活在您的阴影下吗？"

"其实，我是个粗陋之人，娥颜陋质，且生性懒惰。只是因为苦难，因为经历太多，养成了坚强的个性。医生宣布我活不过 18 岁，我不信，我还要活得很好。父母亲早亡，我是跟外婆长大的，女儿是收养的，很乖巧。我只是在做好我的工作，荣誉都是没有能推得掉的，我独守着孤独和宁静，这也是禅。我静心做事，静心思考，静心做着法布施。"

一个让所有人始料未及的回答，刺痛了每个人的心。我们忘了对那学员的怒视，也忘了她自责的神情，只是想，还能做些什么？班主任把准备好的

总结词扔到了一边，语无伦次，泪水盈眶。"咱们每个人都伸开双臂拥抱陈老师，好吗？"没有人应声，却都悄悄站起身来。

陈琴也站起身来，提起话筒，笑呵呵地说："冉老师的提议，让我想起一句诗，多少人爱你美丽的容颜，而我却爱你那被岁月摧残过的衰老残颜。"凝重的氛围一下子被笑声驱赶。每个人，一一拥抱着这个非同寻常的如同天籁的奇女子……

拥抱，不仅仅是深情

想来，在陈琴做过的大大小小报告中，这次的蓄泪而别也一定难以忘怀。有的人默默伏在她的肩头恸哭，有的人低声说着"我爱你！"班里的大个儿男生紧紧抱了一下，再一下，像怜惜家人般，"你不孤单，你是我们最亲的姐姐"，当走到教室尽头时，陈老师双手合十，鞠躬道别，每个人眼睛都是红红的……

傍晚，突然有人敲门，进来的竟是笑盈盈的陈琴。我以前总认为大师都是高山仰止的，加上劳累了一天，广州和西安的温差很大，几次劝陈老师好好休息，她总说没关系，她在等人，我们这才释怀。大家聊生活、谈读书、还说起了爱的罗曼史……我欣然打开南木的博客，张维良演奏的笛曲《心灵茶语》中，"南韵"如歌如诉，窗外，夜色正阑珊。

名师在思考什么

——对话孙双金

名师，顾名思义，就是业绩突出、名气很大的老师。名气从何而来？名师之"名"，来自名气的"气"，比如气概、气质、气度、气象、气场等。而之所以有昂扬的气概、儒雅的气质、谦和的气度、万类霜天竞自由的气象、感染凝聚的气场，也许和名师的思考常态有关。掩卷《情境教育十日谈》，对话孙双金，这些文字不由付诸笔端。

"素读"概念的陈琴老师十年前给我的博客链接命名为"行思合一"，现在想来，笛卡尔"我思故我在"应解释为"要想成为什么样的人，就应该像那样的人去思考"。研究那些教育大家，他们都有着与众不同的常态思考，以孙双金老师为样本，看看名师常常在思考什么。

思考职业幸福。一个人无论从事什么样的职业，做什么样的事情，都有一个根本目的，那就是追求幸福。幸福是广义的，既包括"立己"，也包括"达人"。而教育，是增强、提高人幸福意识和能力的事业。孙老师钟爱的北小，是一方让人幸福的神圣天地。在这里，他力求教给学生知识，又发展学生能力，并给予情感的陶冶、心灵的洗涤、艺术的享受。他梦中的课堂，学生兴致勃勃、浮想联翩，沉浸在美的画面、诗的意境、幸福的怀抱中。为了这

一追求，他洒下了一行行开拓者的足迹，而他自己也是幸福的。

思考情怀责任。"两耳不闻窗外事，一心只教教科书"的老师成不了名师，得有教育的大情怀，得解决这个时代的教育问题。当语文教学处在"繁花绚烂"、"无情无趣"的歧路时，孙双金老师把开掘儿童情感潜质和智慧潜能作为神圣的使命，他提出教师要创设平等、民主、和谐的教学氛围，这是情智教学的土壤和空气，以情激情、以情唤情、以智启智、以思启思。所以，在孙老师课堂上，一个词能生出情智之根，一句话能长出情智之叶，一段文能开出情智之花，一篇文章能结出情智之果。

思考教育本质。《情智教育十日谈》中每一个课例看起来，都是洒脱而活泼，然而却不失厚重、深邃、凝练，不给人以表面的热闹和虚华，他在加强语文基本功训练的同时，追求的境界，并不是外在形式和技巧，而是教育的本质。当你读完这些课例，便会发现，整堂课看似没有什么技巧，却有很多值得回味的东西，这就是"大道无痕"。这个过程中，与先贤对话，与同代人对话，与学生对话，与自己对话，才能追寻到教育的原点和本质。

思考主张创新。《我的战友邱少云》曾以壮美之情打动人心；《泊船瓜洲》抓住诗眼，丝丝入扣；《落花生》将辩论引入课堂；《天游峰的扫路人》诠释新课标；《走近李白》情智共生……这仅仅是一个例子，却是孙老师将整个身心融入教育活动之中，用每一个触角去感受教育，去寻找情智教育的创新主张。

读罢《情智教育十日谈》，在景仰的同时，更多的是思考算不得名师的自己在思考什么？创新的主张、丰厚的底蕴、缜密的思维、特有的默契，把教学活动引入艺术的殿堂，怎样做到？我愿意在思考中，丰富自己、发展自己，然后去影响身边的人，哪怕只有一个。

种子的力

小时候，学过夏衍先生《种子的力》。直到今天，仍然清晰记得"它的根往土里钻，它的芽向地面透。它有弹性、有韧性，力量竟有这么大！"现在我也可能成为一颗"种子"，春天播下去，能否扎根"土壤"？向着"阳光"生长，秋天，能否收获更多的"良种"？我期待着，憧憬着……

《写作教学研究的回顾和前瞻》小组讨论中，轮到西藏组发言了。站起来一个长辫子、黑皮肤的藏族姑娘。"我来自藏族牧区，我们那里的孩子说一句完整的普通话都很难，更不用说写作了。当我接到一个五年级，孩子们连起码的句子都不会写。怎么办呢？我找到了自己在山东上六年级时候的作文，只有一句话，但是让我回忆起那段日子：离开家乡了。济南的馒头好大。济南的冬天好冷。我想妈妈了。"谁说这打动不了读者？这才是结合当地实际，自己开发出来了属于适合学生的教学资源。对这个扎根边疆的姑娘，既感动又佩服。培训的第一个心动——新穷达，代表着千万在第一线，有着教育情怀和朴素教育智慧的老师。

王荣生和吴忠豪教授，以他们的人格魅力和学术高度给予我们深层次的指导，他们的教育执着精神更是给了我震撼和感染。李海林教授，《口语交际与语文综合性学习的研究》后，大家似乎都蒙了。等我细细反刍咀嚼，才知道他更是用心良苦。这一记闷棍，让我们反思自己以前的口语交际教学，更让我们完成对自己的救赎，只有研究清楚才能更好地服务学生。我们必须是专家型的教师，能实践，能研究，而不是等、靠、要所谓"鬼专家"的指挥。作为教师，实践经验是财富，同时也可能是绊脚石。因为过多的实践经验有时会阻碍教师对新知识的接受，也能一时地掩盖教师新知识的不足，久而之，势必造成教师知识的缺乏。

刚来时，我认为会和我参加的所有培训一样，我只要只带着"耳朵"就可以了。随着一天天飞快而过，才发现还必须带着"嘴"和"脑"，今天的合作更是让我感到了培训的革新和实效，每个学员真是全身心地投入。

拿到设计任务，大家朝着共同的目标，自然分工。一线老师提供一线需求，教研员提供组织服务，高校教师提供理论支撑。大家时而争得面红耳赤，时而翻阅标准，时而咨询有经验的培训者。下午，王教授的一番话让我们幡然醒悟。大家调整思路，顾不得吃饭，挤到酒店里继续辩论，各抒己见，都想把能达到小组最高水平的方案拿出来。最终，达成共识，在工作坊的活动中，做网络上家常研讨的"教研员"。我第一次体会到了同伴合作的愉快。

这次培训，不一样的形式、高端的学术研究、翻江倒海的内心冲突，都带给我无与伦比的力量。

眼泪中的"争权"

题记：跌跌撞撞，举步维艰，我们在迷茫和一线曙光中挣扎，摸得到摸不到石头也得过河。忽然，有个人随手丢下一根稻草，说，你们看这里！哇哦，雾霾散开，河岸出现，柳暗花明。

第二次来到上海师范大学，因为有个充满了吸引力和挑战的名字——工作坊。在第一阶段高端种子教师培训中，我已经体验了这是个"高校专家、教研员、一线教师"三位一体的合作机制。我和咸阳师院的马莹老师、榆林高新区的常秋梅老师组成了"秦师秦韵陕西教师工作坊"，这是"三个女人一台戏"的组合。

今天，集体备课，这个我们熟知的词语在这里一下子变得陌生。多年来的集体备课都是主备人做出一个教学设计，其他人你一言我一语，貌似热热闹闹，繁花落尽就剩下一地渣渣。没有人追问我们到底为什么这么备课？我们在课堂上准备做什么？抑或是备课前，一定是用钟爱的教学用书和叫百度的好朋友告诉我们这样那样备课，半小时就能做出一个"像模像样"的教案来。而今天体验的工作坊集体备课，却让我们在争论中将第一项的"教学目标"都没有完成。

以我第一阶段培训经验，那个叫李海林的培训师那是相当厉害，也最"鬼"最"坏"。口语交际的培训中的"无功能"直接颠覆我所有的工作经验，在我极度痛苦和混乱之后，被逼启动思考模式。在小组发言时，我糊里糊涂地表达了作为一线教师的困惑，口语交际，我彻底不会了。他回应，对，一线教师没有理论支撑理所应当，理论都是那些"狗屁专家"的事情。天，脸红到找个地缝去。在这次的集体备课到了汇报时，所有的组都是代表发言，只有我们组还是没忍住，三人激动地表达了不同角度的思考，李老师开玩笑地评价我们说，工作坊还没有开始就开始争权了？

争权？我和秋梅对视一眼，心里好像都在说"没有啊，我们是学术争论，

没有争夺权力啊！"我们用学到的"倒推"办法开始回忆：

《生命，生命》是杏林子的一篇散文，经过"伟大"的编者修改后变成了《生命 生命》。文章从飞蛾扑火想到了瓜苗生长，静听心跳后表达对生命的"应许"。我们三人拿到原文和课文后，决定撇开所有的所谓成功案例和各类教学参考、解读等，开始忠于我们自己内心的阅读。阅读后，我们分别开始用王荣生教授讲的画出学生不理解的和各自认为需要关键理解的地方。然后，我们进入讨论教学目标阶段。

"以你的教学经验，你认为四年级的学生对于认识和理解哪些字词有困难？"

"认识和理解？哪些字是只认识不用写？为什么？哪些是容易写错的？哪些是容易混淆的？哪些是消极字不影响阅读的？"

"为什么目标要把'庸碌'的'庸定'为只认不写的字呢？"

"所有的字都需要写对写好，哪些是可以在课前或者借助环境就可以解决的！"

"马莹的意思我认为是——哪些词只需要工具书就能知道意思了，比如小憩；哪些词看着很普通，但是学生并不能理解作者写的意思？比如挣扎、应许，等等，你认为呢？"

我们在不停地追问和回答中定出了识字写字的目标，和以前"认读课文中10个字"的目标细化了很多，每个字我们都可以说出为什么选择，此时时间已过去大半。秋梅突然高声发起了感慨："教学能手比赛的时候我指导老师们万能目标法，为了不出错，你就写这三个维度不会错，现在看来，都是空的。我现在恍然大悟，而且觉得自己特别有价值，很激动，很激动。"马莹是个内敛的博士，前两天一直在苦苦思索，她听到秋梅连喊激动，小声回应"我也是"。我开始发挥我的诠释作用，"你们俩激动的不一样，秋梅是拨云见日，马莹以前单打独斗，终于体会什么是合作。"没想到，这个"铁女人"泪眼婆娑，"都别说了，我其实更激动，其实我更……"话只说了半句，她就去擦眼泪了，此时，我们三人都明白了我们的培训并不是让我们集体备课出一个教案，就是让我们体验在争论、说服、找依据、再争论、共识中，生成自己也想不到的资源。

到了小组发言阶段，马莹首先讲了我们在教学目标设立上的构思，话音未落，我就扑上去，"我们三人有个困惑，在集体备课的时候，我找这个为理解的关键点，她找那个，到底谁来定夺是正确的呢？我们在工作坊的时候遇到的争论可能更多，那我们就需要一个大家都信任的权威来解读，经过大家的琢磨和思考，获得共识后，这个才是正确的。"可是海林教授断章取义，竟然说我们在争夺谁说了算？很委屈。王教授倒是给了我们兴奋的评价，看似没做完的教案，实际上在讨论教学目标时，在理解的词语那里已经有教学设计了。

　　下课后，我又诠释了一把，海林之所以说我们争权，因为他印象深刻，"秦师秦韵工作坊"的这三个女人玩真的。

印象中的戴建荣、孙建锋

春日，美丽的深圳，小学语文论坛。

华师大的杨教授解读课标，提出语文课堂中存在的问题和解决策略，直面小学语文课程改革深化过程中的各种疑难问题。大家或赞同，或沉思，或提出异议，感慨越教越不会教，"简单"反倒成了最难的事儿。

茶歇间，电梯里邂逅来上课的戴建荣老师。见我手持单反，误以为是工作人员，借机搭讪成功。戴老师日常间儒雅书卷气很浓，一上课却变得手舞足蹈，眉飞色舞，甚至表情"狰狞"，《活见鬼》整节课师生或摇头晃脑，或惊恐不安，或悲喜交集。老师沉浸，学生沉浸，自然而然进入到古文情景中。他的体态语言丰富，肢体手势还有眼神都是那样多姿，孩子们在他的召唤下兴致勃勃，乐此不疲地学习。吟诵时，时而委婉动听，时而铿锵有力，时而稳重深沉，时而俏皮幽默，让我们的心情随着他的声情并茂的语言潮起潮落。他的吟读古文，是一种文外功夫，是他经过长期的学习琢磨才拥有的。

孙建锋，2006 年创建博客时的博友。感谢那些年间我养着的博客——无尘淡淡香。薛法根、曾阿牛、陈琴、闫学、曾扬明、童心、麦田等这些见过

没见过的朋友，读他们的文字，似乎都是一场场心灵对话。孙老师上课的前
三分钟完全没有那种上了无数次的驾轻就熟，我甚至会担心下一句他怎么接
下去。比起上节课的轻松有趣，这节课脑子飞速运转，他，到底要干什么？
越听越有嚼头，理出两条线："敢于表达自己，美是什么？"越听越佩服，
这是在网上从没有流传过的耳熟能详的某个人的某节课，是孙老师自创教材、
自创设计、自创教学、自创反思的一节课，他称之为"公开课4.0"，每一节
课都是"处女课"。心中顿时生出了更多的敬佩。当可爱的小男孩面露羞涩、
轻抚姑娘的长发时，"羞涩是可贵的，每个人生命上游都有一段原生态的羞涩。
羞涩是质朴的，让人回归生命本初。羞涩是纯洁心里自然绽开的花朵。羞涩
是灵魂的镜子，照见的是灵魂真相。"当男孩面露局促，"No，不能打她，
即使用玫瑰花打也不行"时候，陡然间，老师的独具匠心显现出来，听者恍
然大悟，这是一堂美学启蒙课，对于象征美的金发碧眼的姑娘怎能去破坏？！
意犹未尽……

香港的小学什么样

在香港元朗狮子会何德心小学，校工热情地招呼大家并用对讲机说着我们听不懂的粤语，福建的老师做了翻译，校工在联系校长，校长马上就到展厅接待大家。操场上，大概二年级的孩子在上体育课，仔细数了数，24个。见一堆人举着手机咔嚓咔嚓，大多数孩子该干啥干啥，最后一排的小伙儿索性侧躺在地上，估计平日里什么样现在什么样吧。

展厅门口两位负责老师很客气地递上一本册子和一瓶水，指引大家就座，安静而有秩序。校长陈慧萍女士开始介绍，首先播放了由学生配音的学校历史和课程设置以及校友会的各种社团活动，然后校长对各项做了详细的诠释。一小时左右的介绍，我体会到在香港，学生在学校学生活、学语言、学音乐、学劳动，参与各种社会活动，学习成绩是最不重要的事情。从介绍中，可以体会到对每一个孩子的关注。最后，大家分成五组，由负责人带领从楼上到楼下参观。

徜徉于教室、工作间、办公室，历历在目的是充满童趣、激励人积极上进的挂件和饰物。而其中书写的语句，仿佛都是真实地从学生口中自然说出的话语。被这些句子吸引驻足，如同看见一个干净文雅阳光的少年跟你谈心，惊讶于这些平常句子的充满哲理，更折服学校管理者真实地触摸学生的内心，并从每个学生内心渴望中加以引导，即便是训导教育也是循循善诱。例如：礼貌小贴士——进出校务处篇：（1）可打开门直接进入校务处。（2）有礼貌地说出进入校务处的原因。（3）如递交物品于职员，须双手奉上。（4）如有查询，学生应该说：请问……（5）职员回答后，学生要说：谢谢！

楼梯间，走廊里，甚至厕所的墙壁上，没有一处是舶来的宣传语，更没有鲜红的"核心价值观"，到处都是轻声慢语，贴切实在，每一面墙壁似乎都会说话。例如"抗逆先锋"，学校一直注重培养学生面对逆境抗压能力，于是先集合了每个班的积极分子，由社工对其进行培训，使他们成为榜样。然后发动这部分学生带动校园的所有孩子面对逆境积极应对。于是，便有了楼梯和走道上抗逆先锋提醒你：主动帮助老师；抗逆先锋提醒你：主动解决困难；抗逆先锋提醒你：主动欣赏自己；抗逆先锋提醒你：做事不怕错，最怕不改错。

二年级英语课，外籍老师在授课，孩子们坐在地面上，周围还有三个家长模样的人。负责人介绍，这是各界的义工，周末还有初中生、高中生、大学生来做义工，午餐、午休、下午活动都会有义工，香港的学生更热衷于此。一间五年级的美术课，学生在自由作画，老师邀请我们进去看孩子的作品，坦桑尼亚的姑娘，日本的男孩很大方地和我合影，而另外一个香港男孩却委婉地拒绝，说要保护自己的肖像权。

办公室空间小、物品多，但是乱中有序。鲜有老师坐着喝茶聊天网购，提示板上留言我们知道这段有很多任务，办公桌旁边的小储物盒杂而细致。每位老师每周基本都有二十多节课，很少能坐下来的。

恰巧看到海江微信，他们的学生正在浅水湾航拍，为了环保公益事业，忙活了一天，值得吗？在香港的小学，学习成绩是最不重要的事；老师，在校的每一分钟都在工作。

我和海江

参加深圳论坛，一个很重要的原因是看望海江。虽然微信里能看到他驻港的课题研讨、学校工作，知道他在冰火两重天的香港逐渐适应，春节里妻儿的探望慰藉思乡之情，张家界寒冬腊月里玻璃桥上的胆战心惊……但是，更期待与真人相聚。

22日，穿过红堪隧道，大巴盘曲而上，经过跑马地，到达新界太平山顶。虽说是白天，也一样能看到繁华富庶，一栋栋风格迥异的别墅，这里是成龙大哥的，那里是嘉欣的府邸，还有些说不上名字的大佬，到底怎样的生活无从想象。攻略有云：不论你是不是个浪漫的人，也一定要到太平山赏夜景，最佳地点在凌云阁的摩天台、缆车总站旁的狮子亭。可惜，俯瞰维港的夜景只能留作下次来的理由了。

浅水湾依山傍海，海湾呈新月形，坡缓滩长，波平浪静，水清沙细，沙滩宽阔洁净而水浅。这里处处散发着惬意闲适的风情，是港人消夏弄潮的胜地，在香港这种寸土寸金的地方能有一个静谧的海滩实属不易。阿莉累了，正在犹豫要不要下车，我已经被悦耳的海浪声吸引。人很少，浪花徐徐追逐着帆船，心一下子好静好静。什么都不说，什么都不想，极目远眺，伸伸懒腰，看！那里是不是李嘉诚大哥的家？一会儿人多起来了，嬉笑声、自拍声遮住了听海的宁静。好吧，只能再次混入人群，去往星光大道。

　　星光大道作为表扬香港电影界的杰出人士，地面装嵌的 73 名电影名人的牌匾，30 多块有名人打手印，从老牌电影人狄龙、楚原、谢贤，到当代国际港片大师吴宇森、徐克、洪金宝、刘德华、成龙等，都在这里留下了他们的手印，武打巨星李小龙的铜像更是游人聚集的地方。我总是不合时宜，大家都去找寻偶像手印时，我反方向走；当人潮过去，走到刘大爷的手印旁握握手；当大伙在李小龙铜像前比画拍照时，我却看到星巴克有一个临窗的位子真想去坐坐。

　　回到酒店已经晚上 7 点多，海江已经在酒店大堂等我们了。依然玉树临风，风流倜傥，招架不住大家热情的握手问候，熟悉的乡音此起彼伏，我没忘了给他一个拥抱，没忘了嘲笑他粤语不会。放好行李，我们来到酒店附近的一家餐馆。海江细心地为每位老师点了适合的口味饭菜，喜欢吃辣一点的就来个铁板牛肉饭，有想吃面条的来个海鲜粉，还有小甜点、奶茶、蛤蜊汤。大家吃着聊着笑着，海江不作声为大家加糖、盛汤。问起在港的工作，刚刚结束的课题总结人发言让他准备了好一阵子，赢得了满堂彩。海江总是这样，用尽全力细致干好每一件事。收入听着不菲，但是生活成本太高，赚钱根本谈不上，就是一次弥足珍贵的经历吧。

　　因为第二天我要自己一人返回深圳，海江给我查找了最佳路线。不仅如此，他还把一张地铁路线图给了我（在香港，很少有内地随处可见的路线图），我犹豫该不该留下，因为这张图一看就是用了很久，自己做了胶带封条，还有去往重要地方的"笔记"。海江一把塞到我手里，不停叮嘱明天看着图听着广播，一遍粤语，一遍普通话，看准后再上。说着，又指了指购票的地方，拿出一张一百元的港币，"估计你没有换多少港币吧，五十元以下的车票是不能用票面一百的，你明天买瓶水就换开了，换开后，大约三十几块就到罗湖口岸了。"细致，就是这么一点一点练就的吧。看着海江的身影消失在人流中，才发现已经深夜了。

　　第二天清晨，自己一个人走在香港的街头，几次想驻足拍下街景，都被匆匆的脚步喝断，回首，下次慢慢行走。出罗湖口岸，过了边境检测，忽然觉得内地好亲切，胆子更大了。

2011 年陕西省教学能手评选始末

今天，省教育厅网终于公示了 7 月初的省能手比赛结果。虽然没有意外，但多年职场训练下来，任何传说在没有变成正式文件之前，不敢胡张狂。此时此刻，可以向大家摞底了，梁老师这次比赛得了 91.3 分，已经光荣地成为一名省级教学能手了！此时此刻，也是该记录下整个赛程的时候了。

这次能手赛，是憋了 11 年后的首次恢复。五月在区级推荐的时候，我压根就没有进入人家职教科的法眼，原本根据条件定夺的事情，几位领导"碰头"后，只把我划到了省级骨干教师培训行列。可谁让咱生性聪颖呢（呵呵，有点不好意思）？我一看发的表格和文件规定，就强烈意识到我也可以评选省级能手么，为什么不给我名额呢？抄起电话，我就开始询问（甚至有些责难），什么资格？怎么个评法？为什么不给这个有追求、有激情老师机会？所幸，领导们"碰头"出的一位老师，人家还不想参加呢，我就捡了个漏，算是哭着喊着、跌跌撞撞过了第一关。

六月底，市上筛选参赛人员，课题是五年级上、下两册所有的阅读文章。我教过三、四年级，今年接了毕业班，就是没带过五年级，没办法，慢慢熟悉吧。好在，抽到了《清平乐村居》，这是俺喜欢的题材，驾轻就熟，轻松过了第二关。

从此几日，开始了没有昼夜的自虐。四年级下册、五年级下册，48 篇文章，暗无天日的备课、写说课稿，跟两位战友攻守联盟，议课。我们曾经要了 38 块的一壶茶，从早上开门坐到下午 6 点，说到面红耳赤，说到茶都没色了，服务员都快哭了；也曾三更半夜，东倒西歪地躺在一张大床上讲《彭德怀和他的大黑骡子》，一边还要谈谈《大江保卫战》中的这些爷们你喜欢不？这些都是战前。

大战来袭，好运再次降临，幸亏没抽到第一个讲，好赖前面还有两个呢。事已至此，什么都不想看了，开始给竹子打电话，竹子说，有啥呀，省级比赛，你小瞧人家评委呢，人家专业着呢，别纠结了，睡觉，养精蓄锐！对，睡觉！

大雨，早晨 6 点半，公交 312，下车后问了数人，步行一公里，高跟鞋踩着冒泡的积水，其间，还没有忘记欣赏枫叶新都市门口，大青花瓷缸里的清水莲花，到达高新二小，进入战区。

训练有素的工作人员真让我大开眼界，每项工作严密而细致，到位准确，客气但不用商量。从抽签到备课到进入讲课教室，每个选手都有专人引领监督。细致到只准携带一本书，手机关机封存，随身包专人保管，上厕所有人陪同，需要喝水有人送上，打好了教案有人打印，甚至还有人专门检查教科书有没有夹带。呵呵，第一次上课这么轻松，教案都有人送进教室。我喜欢这种严格，这样对大家都公平，离开了教案、教参、网络、后援团，较量到终极其实是最原始的人的较量。且先不说上课情况，单说这些老师们的工作，让我深深感慨，都说高新待遇好，真是没看看他们的工作是多少啊，钱都是血汗，哪有大风刮来的？

我抽到的课题是《早》，备课90分钟，说课答辩10分钟，讲课30分钟。屈达评委点评说，胆子大、点子多。后来传言，暑假学生们状态很不积极，一天下来，开开心心上的一节课就是《早》。本来嘛，让你下了班再加班，你能好好工作试试看？除非像俺这么能理解孩子们的老师，找到他们的兴奋点才行呢！

战后仍然亢奋，回头对照教参左看看右看看，和同事们分享过程，感谢他们快乐着我的快乐，有他们支持，更是一件幸事。然后，倒下——晕倒，开始打吊针，我的身体开始提意见，原来我也伤不起啊伤不起。

省能手赛

赛课累，
身心皆疲惫。
风雨之后见彩虹，
拔剑扬眉人已醉。
谁解其中味？

每年六月，酷暑难当之时，也是高考的莘莘学子迎来人生中最重要的日子。寒窗苦读的等待检验，父母亲焦灼期盼的眼神，都让每年的六月变得与众不同。

在我们教师的六月，我们也将迎来"教学生涯的高考"——陕西省教学能手大赛。不同的是，学生高考，人人都有机会，而我们这些站在能手赛舞台上的，都是一路过五关、斩六将，才能杀出重重包围的"英雄"！而经历最后的单刀赴会，在群英竞技中拔得头筹或者占到一席之地，会经历更加残酷、严格、公正的考验。

从2011年恢复能手赛，作为一名参赛选手，到2013年作为大赛评委，我经历了从锱铢必较的运动员到掌握分数的裁判员，我用了20年的时间。期间的酸甜苦辣咸，一一尝尽。在此，愿意和你们，共同在小学基础教育奋战的你们，把刚刚结束的能手赛的见闻和感想，与大家分享。

一、"裸赛"

2013年6月25日开幕。

"训练有素的工作人员真让我大开眼界，每项工作严密而细致，到位准确，客气但不用商量。从抽签到备课到进入讲课教室，每个选手都有专人引领监督。细致到只准携带一本书，手机关机封存，随身包专人保管，上厕所有人陪同，需要喝水有人送上，打好了教案有人打印，甚至还有人专门检查教科书有没有夹带。"这是 11 年我参加能手比赛记录下来的文字。两年后，更加完善。书已经不让带了，免得有些选手在书上做简案。教材是选手在抽签后，工作人员准备好的新书。干净的呀，半个记号都找不到的新书复印给学生和参赛教师。

很多身怀绝技的老师喜欢这种严格，这样对大家都公平，离开了教案、教参、网络、后援团，较量到终极其实是最原始的人的较量。其实，比赛去带什么？外在的一切帮助完全没有，只能带着自己的经验和智慧。同军咸主任在评委培训时候，将这样比赛称之为"裸赛"，就是《非诚勿扰》的环节，脱去修饰看素颜，真正将自己的积淀展现出来。

从抽签到说课，选手们只有 90 分钟的准备时间。但选手们快速的备课能力、优雅的教学仪态、清新的口头表达、扎实的专业基础、先进的教学理念以及独到的教学设计，呈现出一节节异彩纷呈的课堂。可以想见，为了这一天的光芒绽放，选手们曾度过多少个不眠之夜。

而评委一到驻地便"封存"了手机，处于半封闭状态。负选才之责，怀惜才之心，守精严之品，秉公正之笔，才能保证大赛的顺利举行。

赛场上没有鲜花，师生们真诚的笑容就是课堂中不败的花朵；赛场上没有歌声，但台下琅琅的书声和情不自禁的掌声却交汇出最美妙的旋律。

二、"阳光"

公示每个评委打分，当天下午公布选手分数。对于有争议或者分数有问题的，组委会将会进行"约谈"。踏进学校，校门口、大厅、楼梯拐弯处，只要目及之处，迎接我们的总是一张张真诚、谦和的笑脸，听到的总是亲切、温馨的问候。课堂上，学生积极获取、阳光向上，思维缜密和独特，质疑有宽度和深度，表达主动、清晰。用餐时，大家相互交流着舒适的环境、丰富的菜品，管理老师及餐厅工作人员的热情……

第二天清晨就出一期《赛事报道》，"评委有约"的内容如下：

杨陵区揉谷中心小学　刘麦强校长

这次有幸来到仰慕已久的学校参加省级教学能手评选活动。看到整齐美丽的校园，热情友善的师生，优质周到的服务保障，深切感受到了浓郁的学

习氛围和严谨的治学理念。感谢省教育厅给了我这样一次弥足珍贵的学习机会。

安康市第一小学　陈忠云

台上一分钟，台下十年功。在省级教学能手评选这一舞台上要赢得评委的认可、学生的认同，需要在平时的教学中积淀丰厚的文化涵养，历练扎实的教学基本功，捕捉多样的教学技巧，探索新颖的教学策略，开辟独特的教学途径，这样才能灵活地驾驭课堂，才能机智地处理课堂，才能展示一个教学能手的风采。同时，希望参赛选手放松心情，摆正心态，用快乐和自信面对评委，用激情与微笑面对学生。

陕西省商洛市商州城关小学　李雨婷

很荣幸能够成为本次大赛评委，我非常感谢评委组提供给我这次学习和交流的机会，也非常感谢高新一小的工作人员们，他们尽心尽责，关心备至，带给了我们春天般的温暖，让我们感受到家的温馨。

我是从教学能手大赛中走出来的评委。我深知选手们这一路走来的艰辛与不易。作为评委，我会尊重每一位选手，正确、客观、公正地评价选手。祝愿他们在大赛中努力拼搏、化茧成蝶、梦想成真！

咸阳市彬县教研室　马静芳

本次大赛高新一小领导高度重视，安排周密，从工作人员、听课学生的一举一动显现出学校严谨、求实、精细的工作作风。

汉中市实验小学副教导主任　殷志东

学生、老师给我留下了深刻的印象：学生知识面广，语言积累比较丰富，语言表达能力较强。学生善于倾听，能把老师的要求落到实处。课堂、课间学生的学习习惯、行为习惯让人赞叹。学校工作人员彬彬有礼，服务细致周到。学校高标准严要求才会造就这样出众的学生、这样优秀的教师。

延安职业技术学院附属小学教导主任　郭建军

学校组织安排周到细致；工作人员工作认真负责，待人有礼谦和；学生思维活跃、发言积极，有良好的听课习惯，参与意识强。

安康市汉滨区果园小学　刘恒

组织本次大赛活动严谨、认真，处处彰显大校、名校风范。尤其是在细节方面，让每一位前来的评委和选手倍感亲切。如联络员老师的负责认真，全程跟踪的同时，热情服务。学生们能积极、主动与参赛老师配合，文明、礼貌，课堂中也展示了丰富的阅读量、活跃的思维；伙食也非常棒哦！

直面"裸课"的分析与建议

为构建陕西省"三级三类骨干教师体系",2016年4月10日,咸阳市秦都区教学能手评选大赛首次按照抽签定课、封闭备课的 "裸课"程序,严格而公正地完成了此项评比工作。小学语文2组共计选手14名,均为学校选送的优秀教师,但教育教学水准良莠不齐,现对选手赛况做以下分析:

一、欠缺课程改革理念、课程标准解读以及设计理论依据

依照省厅比赛程序,首先是课前说课,要求选手针对教学内容依照《新课程标准》阐述设计理由,即"教什么,为什么这样教"。说"教材目标"时,需凸显"教学内容的位置、目标确立、重难点定位"的原因,说"教法、学法"时更需选择依据理论的支撑,一般教法、学法都有科学、规范的称谓。"说过程"需理清线索思路、按结构说明,忌啰唆的赘述占据了说课大部分时间。

在14名选手中,仅有3人知晓说课应具备的四大板块,占21%,2人能依据课标、教育理论说设计理念,仅占到14.2%。更有甚者,对于课程改革、课程标准一无所知,指导四年级学生朗读时,用"嚼馍式喂养"——师读一句,生学着读一句,用了10分钟完成此项无意义、负效果的教学活动,还有其中读错三处。依此现状,对选手的理论指导、理念更新亟待培训。

在答辩环节中,选手所在学校如果真实有效进行"校本研修",选手经过"专家引领、同伴互助、自我反思"就有话可说,有成果在手;没有真正做过的,对于计划中的目标全然不知,随口胡诌,甚至还出现了"我没有计划,学校工作太多了,这个我没有参加"等可以直接取消资格的回答。14名选手中,5名研修成果显著、目标明确,自我专业成长要求高,占35%,1人回答没有参加校本研修,占7%。

二、个人素养积淀、课堂教育智慧参差不齐

"裸课"看"素颜", 考量的是教师基本功与知识经验储备,考察的是

教师对重难点的处理与课堂设计的智慧，建议选手"确定内容——小而精；课前交流——短而趣；课堂教学——准而亮；设计思路——清而明；生本理念——真而实"。没有了团队支持、师傅帮助，个人备课能力、课堂驾驭能力得到真实测评。14人中，《说勤奋3》教学设计巧妙，选手眼中有学生，课堂生成多而精彩；《九寨沟2》品词赏句，领略自然风光和珍禽异兽；《李时珍夜宿古寺》选手干练老练，富有激情。欣喜之外仍有担忧，4人第一课时、第二课时混淆、1人新授、复习课型混乱，诵（sòng）读、绿蔓（màn）、刘禹（yǔ）锡等读错音，"庭"写错板书，这些基本读音、写法是不允许有一丝错误的。提前7分钟下课、拖堂现象4人，占28.6%，原因在于对学情把握不清、对课堂时间分配不准。

在"以生为本"理念体现中，6人仍是灌输式、满堂问、分段等被摒弃的教学模式，占42.8%，看着课堂热闹非凡，其实根本没有有深度、有价值的思考，学生的朗读、理解、表达水平并没有得到任何提升。

三、未注重仪容端庄、赛课礼仪

细节决定成败。长耳环、项链手链画指甲、短紧透的服装、歪歪扭扭站……都会成为败笔，建议服装端庄而不死板，仪容淡妆而不夸张。选手进入答辩教室，应站得如挺拔的松树、面带微笑，眼睛不盯在稿子上，更不能左顾右盼、目光游离，应该与评委有交流，得到共鸣和认可，鞠躬和示意结束都应该大方得体。回答问题时忌夸夸其谈、答非所问，建议每位选手准备600字的发言稿，根据不同问题寻找准备好的答案。

因为秦都教育人的执着追求、严苛要求，所以才能一直在市能手赛中稳居第一的位置。秦都教育人才济济，作为评委的我，要求自己能找到问题、解决问题，让更多的年轻教师少走或不走弯路，推动"骨干教师体系"扎实而迅速地建设。

无尘淡淡香

倾听，并思考着

"青蓝工程"赛课结束了，在课堂的点点滴滴里，在观课议课的过程中，我会记录下零零星星的感悟碎片，收集起来，也会有万花筒的奇妙和美丽。

片段一：《嫦娥奔月》

师：什么叫"周旋"呢？现在我就来演奸诈贪婪的逢蒙，（恶狠狠地）嫦娥，快把仙药交出来！

嫦娥1（不解）：仙药？什么仙药？

师：别装蒜了，后羿明明交给了你，说！藏在那儿了？

嫦娥2：你一定听错了，我收起来的是草药钱呀。逢蒙兄弟，你缺钱吗？先坐下，喝口水，我来给你拿。

师（翻箱倒柜）：哼，别跟我来这一套，我不会听错的。

嫦娥3（佯装害怕）：逢蒙兄弟，这个柜子装的都是草药，哪里有什么仙药？你翻得乱七八糟，你师傅会怪罪于我的……

师：瞧，这就是"周旋"。

喜闻乐见的语文实践活动，永远被孩子们青睐。当然，这个活动一定是以文本出发，课堂上欢声雷动、热闹非凡，趣味盎然的任何活动，都不能忘记为学生学"语"习"文"而服务的。

片段二：《出塞》

师："万里长征人未还"，在这烽火连三月的日子里，一封家书抵万金啊！你可以是未还的征人对父母说，也可以是白发苍苍的双亲对儿子说，孤独年幼的孩子对父母说，也可以是妻子对远方的丈夫说，你最想在家书中说点什么？

生：我远在边塞，多少次梦中惊醒，以为是村里故园，这战事何时结束，才能平安返故乡呀！

生：爹爹，我还未出生，您就打仗去了，孩儿想念您，这个家不能没有您！

生：娘，忠孝两难，儿子在边关挺好的，不要牵挂，过些日子就回去，您要多多保重！

身临其境的真情表白，让学生的情绪在思念体验中，切切实实地体会到"万里长征人未还"的悲情。在浓浓的情中，内含着亲人的情、征人的情，还有诗人的情。儿童认知内驱力的产生，需要融入并投入情境中，教师在课堂上所做的一切，是为孩子学好母语服务的，能在有限的时间里，演绎出一个又一个美丽的故事，这需要教师语言的示范和感召，只有把他们领到没有围场并且"水草丰茂"之地，才会收获意料之外的惊喜。

片段三：《渔歌子》

师：让我们静静站在西塞山前的小桥上，任清风拂面，任细雨飘洒，任桃花的香味扑鼻而来，你仿佛能看到什么？似乎能听到什么？好像能闻到什么？

生：我看见有一群白鹭在展翅飞翔，悠闲地欣赏春日的山野。

生：我能听到桃花在微风中，一片片的花瓣落入潺潺的流水中，花瓣和鳜鱼嬉戏，还能听到鳜鱼的摆尾声，说着春天戏水的快乐。

生：我看到斜风细雨中，有个渔翁，头戴青色斗笠，身披绿色蓑衣，悠然自得地在雨中垂钓。

生：我感受到了微风抚摸着我的脸庞。

师：真是"诗从心中起，人在画中游"。

词中有画，画中有情，情中有理……诗词教学，如果仅仅是理解了，会背了，会写了，是远远不够的，最重要是从语言文字中受到情感和思想的熏陶，领略其中的语言美、画面美、意境美，从而产生一种对生活、对诗词的热爱与向往。不仅多种感官得到训练，而且在联想和想象中，给脑海中的那幅图画增添了很多情趣。感叹，诗词教学原来还可以这样。

我想，一节好的语文课，应当是一件艺术品，让人回味无穷，津津乐道。好的课，能激励学生勇于质疑、敢于发言，思维活跃、积极向上；好的课，环环相套，丝丝入扣，行云流水，滴水不漏；好的课，听课者始终被精彩的活动所吸引，精神专注，积极投入。好的课，是用学生的生成和发展来说话的。

小荷露出尖角时

今年，我有幸参加了咸阳市"教坛新秀"的评选工作。"教坛新秀"的设立，给青年教师们打造了一个教学才艺大比拼的舞台。这些教师都是满怀激情、精力充沛、方法新颖，但同时又缺乏教学经验。评比中的课堂教学细节，给了我很多思考。在这里整理其中内容，与老师们一起分享。

片段一：

师：小朋友，你们都是城里的孩子，生活一定很快乐。老师来自乡下，是一名最普通的乡村教师，我们乡下的孩子生活也是快乐的。今天就请大家和我一起来到田间地头，采几朵灿烂野菊，抓几把肥沃的泥土，割些鲜嫩的猪草，感受乡下阳光下孩子的快乐。今天我们就来学习《乡下孩子》。

如诗如歌的开头，真诚淳朴的表白，让学生在舒适的情绪中进入教师创设的情境，儿童认知的内驱力的产生，需要学习情境的新颖、学习内容的新奇、教学语言的生动……开篇如果抛弃了枯燥乏味、千篇一律，就会激活学生的好奇之心、探究之情。

片段二：

师：我们做一个"摸一摸"的游戏。来，伸出你的手指摸摸你的鼻子，摸摸你的嘴巴，摸摸你的手臂，摸摸你的脚丫，摸摸你的头发，摸摸你的尾巴……

（孩子们摸到最后的时候都知道上当了，大家哈哈大笑，一个小男孩大声说："老师，我们没有尾巴，只有尾巴骨！"）

师：对呀，我们人类没有尾巴，可猴子呀、兔子呀、松鼠呀、孔雀呀都有尾巴，它们的尾巴都不一样，还一起比尾巴呢。今天，我们就来学习《比尾巴》。

喜闻乐见的游戏永远被孩子们青睐。当然，这个游戏一定是以文本为出发点。课堂上趣味盎然的任何活动，都不能忘记是为学生学"语"习"文"而服务的。

片段三：

师：这节课，希望同学们好好配合老师，好不好？声音不响亮，再来一次！

生：好！（学生大声回答）

谁是红花？谁是绿叶？谁的地盘谁做主？谁配合谁？毋庸置疑，课堂是学生的，空间是孩子的，是他们在学"语"习"文"，孩子是红花，老师是绿叶。切不可本末倒置，不能角色错位，教师在课堂上所做的一切，只能是为孩子学好母语服务，一堂课仅40分钟，我们就要在有限的时间里，演绎出一个又一个美丽的故事，这才是教师的生命价值所在，"听我的话，配合我表现"的话，我为之汗颜。

片段四：

师：同学们说一说，谁表现最差？（学生一起指向了一个学生）

师：就是他，听讲不专心，还影响其他同学。

心理学研究表明：心境低落的学生，几乎忘掉接收信息的25%，而心境好的学生，只忘掉接受信息的5%。教师应通过积极、鼓励的语言、手势、表情，使学生获得成功的愉快的情感体验，而不是相反。有经验的教师往往不说"尽瞎说、你动不动脑子""你怎么不听讲""你刚才干什么呢"等等，而是循循善诱，引导学生模仿榜样，倾听他人。但是，也不能无原则、无标准地夸奖，"你棒、你棒、你真棒"满教室飘，小卡片、小红花、小奖品泛滥，也是课堂的大忌。

仅以此，与青年教师共勉，如果说小语是一条充满荆棘和鲜花的路，那我们每位教师都在路上……

在阳光灿烂的日子里

2010 年春天，我光荣地成为陕西省"阳光师训"讲师团的成员。一路走来，欣喜、责任、倾诉、聆听、共鸣……诸多的感受聚于此。作此文，谨献给那些身处偏远之地，却潜心育人，渴望成长的一线小学语文老师们！

一、"阳光"在路上

很喜欢"阳光"这个词语，告诉孩子们做"阳光少年"，提醒老师们"惩罚要在阳光下"，看到某人激情四射，会评价"这人真阳光！""阳光师训"总让我想到，是要把阳光播撒到一切能到达的远方。

我被分到了咸阳最北的地方——长武。一行 13 人，来接的专车是小面包，我"窝"在了第一排两个座位的旁边，踏上了西长高速。蜷得脚麻了，屁股坐扁了，情绪也跌落了。直到忽然看见高架桥上的一行字——"西长高速，阳光之路"，不禁嫣然而笑。连高速都知道我的来意，是播撒阳光的，无论你乘坐的是牛车还是奔驰。心情豁然开朗，看到山也绿了，田也美了，自己不是向往这种"一路青山绿水，一路琴棋书画唱"？

来到长武昭仁中心小学，一下子被淳朴、厚重、热情包围，自己更是摩拳擦掌，跃跃欲试。第一天讲完《小鹰学飞》，写下课后反思《角色体验，在挑战中成长》：

"一走进课堂，我的眼睛里就只有学生了。我给他们带来一顶帽子和一把扇子，把孩子们的学习热情扇得高高的，让每个人都有自信：我能行，我真棒！让孩子们爱上语文课，爱上祖国的文字，在课堂上思想、语言、情绪都能自由飞翔……

"课堂也有遗憾之处：在处理'急促地喘着气'的时候过于着急，孩子们还没有体会到急促、喘气，就匆匆收场；在比较两种语气的'还不算会飞'时候，孩子们听出了变化，但不知道为什么，在这里引导的时候我流露出一种情绪——可急死我了，传递给孩子们的情绪是急躁……"

我从来不怕在课堂上出错，我从不作秀，我恪守：宁要真实的遗憾，不要虚假的完美，宛如一路的阳光，真实而光亮。

二、成长在每刻

"阳光师训"有个环节——评课。在自己地盘上评课的时候，常常带把"尖刀"，毫不留情地指出我们的老师各种问题。在长武，先了解讲课的老师，原来也是市级教学能手，在这里默默耕耘着，敬意油然而生。当一首《故乡》在涓涓流淌的音乐中悠然而起时，一种"学习和成长"也在我心中了。

李老师执教《梅花魂》，在课堂上，孩子们可爱、认真、踏实，"聪明的孩子就是我，就是你"给了一种暗示，形式的灵动在于心动。"用两只眼睛看文章，一只眼睛看表面，一只眼睛看内涵"。读的人物从书本上站起来，说到孩子们心里去。暖流热烈烈，花开静悄悄。李老师的教学语言富有激情，有语文老师的特质，《悠悠梅花情》很精彩，"魂"是民族魂和思乡之情，动情动意。"梅花气节"是历经磨难，矢志不移，零落成泥碾作尘，只有香如故。

"没有离开故乡的时候，故乡是一幅铺在地上的画。我在画中走来走去，只看到天边遥远的云霞。远远地离开了故乡的时候，故乡是一幅挂起来的画。一抬头，便能看见，每当月下，透过一层薄薄的纱。

虽然孩子们已经离开教室，但那首《故乡》仍然久久不能从脑海里挥去……

三、共鸣在彼此

我的讲座题目是《平凡事、平静心、平实做》，想要带给基层老师一种理念：一种平静如水的阳光心态，一种安贫乐道的绿色心情，一心平常踏实的耕耘，一路殷实饱满的收获。从有效备课的变平凡为非凡，到有效课堂的变平庸为多彩，到有效批改作业的有趣、有用、有效，从自己平常的点点滴滴说起，让老师们体会到，这种做法我也可以参考，那种讲法我也可以尝试尝试。传递给老师们一种精神，选择老师就是选择了奉献，站在讲台上就是一个生命的范本，每个人如果能够理性与激情比翼，能力与智慧齐飞，爱心与责任同在，

教师与学校双赢,那我们每个人都是精神的贵族。

讲完后,我的教育博客里有听者留言:

梁老师:

你好!今天聆听您的讲座,带给我一种教育的激情,一种生命的感动,一种精神上的昂扬姿态!很庆幸认识你!我也是一名小学语文老师,我想作为语文老师,要做大气的语文老师,我的语文课就是我的灵魂在跳舞!

美丽心情敬上

我回复到:

激情和昂扬是心灵的共鸣,给您能带来一丝丝的感动,是因为我们有着共同挚爱的语文课堂,有着同样的理想——做一个小语路上的跋涉者,做一朵喧嚣里不谢的茉莉花。

四、感动常在心

长武之行的第二天,上完《长征》一课,孩子们坐在教室不离开,写下了这样的留言,每每读时,心里和眼里都会热热的。

梁老师:我对您的朗读印象深刻,读诗词更是让人浮想联翩。我非常喜欢听您讲课,送您一朵大红花。

郑宇宁

梁老师:短短的 40 分钟,您让我知道了机会掌握在自己的手中。

鱼思敏

梁老师:您今天给我们上的这节课,时间真短,我很开心。您让我在快乐中学习,我很感激您!祝您生活愉快!

纪元

梁老师:我喜欢您那种像男子一样的气概,喜欢您朗读《长征》的气势,我会永远记住您的。

声音最大的那个女孩

梁老师:在这分别的时刻,真不想和您分开,短暂的时间怎么够我们交流?真想和您聊一万年。

赵鑫鑫

梁老师：您上课的时候很温柔，像我的妈妈一样，您的声音那么动听。我决定了，您以后就是我的偶像啦。

高佳怡

梁老师：和您相处的时间里，我发现您就像个小孩子，我喜欢您。

曹一涵

【后记】

还依然和这些老师们、孩子们保持着联系，问候、问询、问长问短，自问心无愧于阳光下最神圣的职业。

"名师大篷车"三原行小记

2014 年的"名师大篷车"在金秋十月如期出发，路线相同，走遍县区。不同的是换了熟悉的 "我来说你来听"的示范课讲座的策略，而是先去县中心和农村小学听课，对课上呈现的现象"诊断"，进行分析评课，找到存在的问题，然后指出一条路，这里！才是正确的方向。第二天，进行同课异构。光说不练假把式，名师们也别净顾着指手画脚，上到讲台练练。昨天说的问题你是怎么解决的？大篷车上的"名师"这次接受了真正的考验，评课是否准确，是否使听者心悦诚服？同样的授课听者是否觉得触碰内心，愿意思考并付诸实践？我们常常夸大语言的力量，以为上千人的场子就让上千人受益。其实，真正的触动是那个人走进了，他想了，他说了，他记了，他摩拳擦掌……

三原是咸阳的教育强县，接头的教研员张莉更是强女人，漂亮时尚，干练利索。沿着弯曲而狭长的山路，大家正在疑惑这上边是否有人家的时候，车子停到校门前。亮黄的教学楼，落着黄叶的梧桐树，一阵阵吹过的山风，恍然间竟觉得这是我幻想的支教生活。远离城市的简约校舍，在高大的树木下领着一群孩子朗读。

在六年级听课，正好是我刚刚讲完的杨红樱《一本男孩子必读的书》。授课老师沉稳安静，学生们更是出奇的安静，静到有些冰冷。随着老师一张张 PPT 翻页，长达 8 分钟的《鲁滨逊漂流记》的影评，学生们揣测老师的想法，课堂"流畅"起来，渐渐有些温度，最后在学生写名言中结束。

现场写下评课：

1.改变课堂模式，让课堂"热"起来。从冗长的导课开始，一针不见血。课件上千万次追问的无价值的问题，"这本书谁传给谁？谁又传给谁？这本书书名叫什么？这是一本什么书？（这个问题我一直不知道指向什么）"对于六年级的学生，教师说话最少剪掉一半。我们是站在身后的拥趸，是服务者，大多数是站在一旁观望和鼓掌的，需要我们的时候，立刻出现——请跟我来。他们的地盘，他们在介绍《鲁滨逊漂流记》的精彩篇章，种麦子、养山羊、建设家园，救下星期五，对付野人，他们在感悟父亲给孩子的希望，学会生存，不畏惧。再不要貌似热闹的大合唱，或是说着老师们要听的假话。

2. 改变师生模式，让课堂"活"起来。我们是牧羊人，只管把羊儿引到一个水草丰茂地方。每只羊儿会选择适合自己的那块草地，每个人都有不同的吃草经验，不要串讲，不要脱离文本，不要割裂文本，更不能替代他们的读书体验。改变教课文的模式，我们是在教语文。

3. 改变多媒体运用模式，让课堂"亮"起来。8分钟的影评，是在介绍两部电影的侧重不同，对于阅读兴趣有一点作用，但是更多的是偏离阅读。多媒体的光电影声自然冲击视觉，但是好的视频、声音，最高的境界是雪中送炭，其次是锦上添花，最糟糕的就是今天的喧宾夺主。

4. 另外，语文也是规范的，例如"任尔东西南北风"写错，挫折的"挫"读错。

每次评课，我似乎都是无情地剥开伤口，甚至批评得体无完肤。但我知道，有用！比起不痛不痒的"教态大方，基本功扎实，教学设计好"这些来得实际。还有一个重要的前提，对面坐的那个人的无比信任我，无比期待成长。

"你还给人寻事哩"

自认为无论走到哪里去培训，都是比干一样把心掏给学员，倾尽所有，把没黑没明呕心沥血的"小果实"讲给听我讲话的人。而且，无论我讲多久都会站多久，微笑多久，从不用维持纪律，我会用我的话留住所有的人。我一直坚信，哪怕我影响到一个老师，哪怕有一个老师想"开学我试试，我也可以的"都会心满意足。彬县有个培训学员在我的博客留言，"原本打算进来溜达一圈就去逛街，没想到一听就是两个小时，我不想去逛街了，我要去逛逛书店。"这些平淡的家常话都会成为我下一次培训的动力。

前天在泾阳给小学英语老师班上课，却让我认识到，原来有时候也会讨人嫌的。

那天，准备就绪。宋主任向我示意，他有几句话要讲。我把话筒递给他，刚听了两句，就识趣地走到门外去。因为昨天在这个会场，迟到的多，到了11点多，居然有人起哄要下课结束。他在里面讲如何尊重讲课老师，违反纪律如何处置等。外面签到的工作人员和我聊着，老师们也不容易，有的拖家带口，到了中午饥肠辘辘的，坐不住了。我也表示着理解，这时候，已经距开始时间过了半个多小时。

此时，一个年轻漂亮的女老师漫步来到签到台前。她，小碎花连衣裙，婀娜多姿，一把马尾青春俏丽。只是她的脸上，写着烦、烦烦、烦烦烦！她不跟工作人员说任何话，抓起桌上的签字笔，哗啦啦翻着名单，找到了，唰唰几笔。接着，她让那无辜的签字笔从高处落下，"啪"地甩在签字台上，就像赌气签了离婚协议，受了无数怨气，终于扔了它，再也不愿多看一眼；抑或是共产党员写下自白书掷笔以示愤怒。"什么态度？请轻拿轻放！"我脱口而出，声音不大，但足够清晰。没想到，我经受了从未有过的尴尬。那碎花裙子一下子爆发了，以渐强渐高的音调开始。"我啥态度？我态度咋了？我把你咋了？我有啥态度？你！你还给人寻事哩！"一连串的质问，不容我喘息。认识我的人都了解，我是个有话就要讲出来的主儿。公交车上看到年轻人旁边站着老人、孕妇、抱孩子的，我会义正词严地说请让座的。现在，才发现，原来礼仪不是维护出来的，纯属个人修养，遇到吵架，我是一句也回不过去的。一个工作人员一把把她推进教室，另一个歉意地说："您别在意呀！"

我深呼吸，微笑，"没事儿，她一会儿就后悔了，我是有话语权的人"。

当宋主任隆重介绍了我以后，我优雅地站在讲台前，微笑，搜寻到"碎花裙子"。从此，两个半小时，她——再也没有抬过头。

無尘淡淡香

欢迎新老师

　　热烈欢迎新老师！虽然以前我们近在咫尺，但是了解甚少，都是些粗略印象。现在，我们围坐在一起，就是一个新的开始。我们常常说，进了这个学校门儿，大家就是一家人，到了这里，就会体味到愉快、真诚、平等。进了这个学校，就没有你们、我们、人家一说了，都是咱们。咱们的校园虽然不是花园，没有芳草萋萋，但是干净整洁；咱们的校园虽然不是家园，但是洋溢亲情，彼此情同手足；咱们的学校是个乐园，这里笑语盈盈，书声琅琅。与其说今天是岗前培训，不如说是彼此了解的一天。这里没有下马威，这里是欢迎的笑容和一份沉甸甸的期待。无论以前大家以怎么样的心态工作，怎么样的态度工作，今天都是新的起跑线，我们平凡但不普通，有意义地开心地过好每一天，我们平凡但我们并不普通，因我们的生命无声无息，但是却有声有色地流淌。平凡包含伟大，我们依然在周而复始的工作中享受着可以复制的幸福。

　　这里是上学期老师们的教案、听课记录、作业记录，在上学期的总结中，我们自豪地认为，这里的任何一本都可以接受任何检查，因为我们的教案、作业记录、听课记录都不是为了应付检查的，都是自己的教育教学财富。

　　送给大家四句话。第一句话：认认真真备好每节课，认认真真上好每节课，认认真真批改每一本作业，认认真真对待每一个学生。

　　加上不断地读书学习反思记录，你不想成为一个他人敬仰的好老师都难。有时候扪心自问，我做到了吗？老师的工作永远都是无法用数字量化的良心活，只要你付出，工作不会看人下菜，每一天的付出都会有痕迹，都会有意想不到的回馈。

　　第二句话：激情创造出精彩，细节精致成奇迹。

　　可能大家只听说咱们学校管理严、要求高，却不知道为什么。因为我们是一路苦过来的，刚刚拆过的教室我在里面讲了18年，一个花样年华的时间。去年在参加省里普通话比赛的时候，我的题目是《其实，我并不贫穷》，我讲一次，眼泪忍不住流一次。一个名不见经传的学校，一群名不见经传的老师，靠我们的激情、热情、理智的冲动，我们穷着快乐着，穷着奋斗着，穷着努力着，每学期的学期末总结都成为饕餮盛宴，我们彼此欣赏，彼此鼓励，彼此搜寻存在的问题。所以，我们在一次次成长，一天天成熟，对这里倾注的感情不是用言语可以表达的。例如：王佩的经典语录，小符离别的眼神。每个在这里工作的人都是全身心地投入，每个教研组都是充满激情地踏实工作，当你融入其中的时候，就会明白，这里为什么让人能穷着快乐着。

1.备课细节：不是简单的抄袭浪费，反思是提高的原始积累。教案本书写规范工整。

2.上课细节：制度中的不允许，下午教研组内再重申一次。强调一点：惩罚要在阳光下，严禁言语暴力、肢体暴力、各种体罚和变相体罚，言语的粗暴低俗出现的任何后果，由本人承担。

3.批改作业细节：教研组内传达。一种整理和坚持意识。滚动日记、小报、书、作文集、数学口算笔算练习，数学日记。这是把无形的工作有形化，记下就是别人永远无法偷走的专属的财富。

第三句话：年轻人学会把教学错误变成成长铺路石。

不怕犯错误，我也是犯着错误过来的。例如：开始的马马虎虎，小马开始的升号不准确，小朱上课后我给的评价，小赵计划中有下载的片段，没事，我会狠狠地说在当面，然后告诉别人。所以，区别优秀的教育者和平庸的教育者，不在于教育者是否犯错误，而在于他如何对待已经犯了的错误。

第四句话：一个人的高度取决于他脚下书的厚度。我们如果要在教学上有所建树，读书学习和记录是必不可少的。

今天，只是个抛砖引玉，我把这块砖头扔出来，在你的心里如果有"扑通"一声，那我会很欣慰。在下午的活动中，如果能让你想在这学期有了脱颖而出的动力，那我更是兴奋不已。因为我们是真诚的，所以才有平等的对话，因为我们是激情的，所以对话中才能碰撞出火花。我们可能朴实得如泥土，但是泥土也散发着清香，我们会淡定得像骆驼——慢慢走吧，总会达到。……我们是优雅地，淡泊地，健康地活着，工作着，享受着，所以气定神闲，举重若轻。以后的路上，我们同行。无论鲜花与掌声、荆棘与坎坷，我们都一同承担和享受。希望以后的日子里，每一位老师在踏踏实实的教育教学工作中展现自我、书写每个人的传奇。

让每位老师可以妙笔生花

学期末是最紧张、最累的时候，但也是最有收获的时候。这周，每位老师都很辛苦。周二作业批改交流会，周三教研成果展示会，周五写作心得交流会。

尽管5:30就下班了，可大家总是意犹未尽。周五是写作心得交流会，以前是论文传阅，现在我变成交流写作心得或者解决交流困惑的会议。

当大家都谈完后，我的心里装满了———骄傲，我为拥有这样的老师们感到骄傲，没有人抄袭，没有人敷衍，所有的心得都来自心底，真诚真实真感受。

觉得自己是学校里最最富有的人，我一下子就拥有了17种思想。我把这些闪烁着光芒的火花汇集起来，就是我们学校巨大的财富，可以让每个人手里都有一支笔，可以生花的妙笔！论文写作的源泉：来自于鲜活的教学实践，每日每节课后及时记录下来的教学反思，校本教研课题的解决重点。如：《和"马小跳"一起玩中学》《这，都是我的错》。

论文写作的方法：1. 独具匠心。如：《一幅美丽的简笔画》，《给学生一双数学的眼睛》。2. 以小见大。如：《真的没有教不会的学生吗？》《我的成长记忆》。3. 学＋写。如：《有话悄悄说》《语文老师孩童化》。论文写作的归宿：从教学中来，回到教学中去。最后与大家共勉：每天记下一点，每天反思一点，每天进步一点。

老师，请您也来完成您留的作业！

小时候，学过一篇文章《一分试验田》。当时老师怎么讲的已经记不大清楚，只记得彭老总怎么精心种植，是为了挑战什么"浮夸风"。今天，我也写了一遍儿子的作业，我倒没有什么好挑战的，只是亲自尝试了一下老师们在"多多练习"的名义下，孩子们的真实感受。

儿子读一年级，二类字（只要求认识，不要求会写的字）有185个。下午，儿子一脸愁容。"妈妈，今天语文作业是从第一课到最后一课所有的二类字，每个写一遍，带拼音，这可得写到什么时候呀！"

吃过晚饭，做完数学作业，已经快8点了。我粗略估计了一下，要写完这些生字，生字本差四个字就满满三大张，第一行的九个字"柳、蜜、蜂、篮、饼、排、球、游、登"平均笔画13.6画，加上他根本就不知道这些字的正确笔顺，我临时作了决定："你去让爸爸把这些字读一遍，读正确，会组词就好了，妈妈试验一下做完这些作业需要多久。"门外传来孩子稚嫩的声音，我抬头看看钟表：8点整。这些字和这些拼音我是不假思索的，用正楷一个一个开始书写。

起初第一张，写得比较整齐，也记得是什么字；再写着第二张，觉得攥着铅笔的手发困，开始计算还有多久能写完；第三张的时候，早都不记得是什么字了，并且开始连笔、草书。写完再次抬头看看钟表：8:30，门外孩子的声音仍然稚嫩。这些作业，如果让他认认真真思考、做完、准确记住，应该用我的三倍时间，那这会儿，孩子还应该是抓耳挠腮、坐立不安的时候吧。

经常在留作业的时候，会想到自己小的时候对什么作业有兴趣，对多少的量能够保证认真，对什么作业是会去偷懒的，对什么是最最厌烦的。老师们，您如果也来完成自己留的作业，像彭老总一样亲自去施肥，去把脚踩进松软的泥土里，就会知道能长出多少粒麦穗，就会在留作业的时候手下留情了。

赛课记录

题记：为期十天的赛课虽然已经结束了，但依然抹不去青年教师在课堂上展现的风采。一举手、一投足、一谈一笑、一练一演，都让家常课如同佳肴，呈献给所有老师"空压人"的精气神！

授课者： 马曼宁

年级： 六年级

课题： do re mi

总体评价： 音符流淌、清晰明了。

精彩之处：

1. 从《音乐之声》电影导入插曲《do re mi》，简单自然，不着痕迹。

2. 能贯穿乐理知识，不局限歌曲学唱。

3. 从读歌词到模唱，学生情绪高，整齐洪亮。

改进建议：

1. 表演唱要符合六年级学段特点，较幼稚的动作不适合。

2. 乐理似懂非懂，基本都有老师讲出，极个别学生明白。

3. 附点音符拍值唱得不明显。

4. 安排内容适当精简一些。歌曲情绪、歌曲形式、学唱歌曲、一处乐理知识足够。

授课者： 王欣

年级： 二年级

课题： 《过河》

总体评价： 稳扎稳打、一张一弛。

精彩之处：

1. 组织课堂平时下了功夫，课堂秩序井然有序。

2. 运用多媒体课件增加条理性。

3. 小括号引出较为自然，中括号适当渗透自然。

4. 教态大方，语言具有亲和力。

改进建议：

1. 复习时间过长，用了 10 分钟左右。看完练习后，可以让学生自己质疑、区别、尝试，找一找有无小括号的区别。

2. 预设要有引导性，才能精彩生成，创设数学生活情境，让学生觉得"数学好玩"，有兴趣去探索。

3. 语言更严密，突出数学学科严密、规范特点。

4. 板书要正楷，"河"、"5"笔顺错误，低年级"9"的书写不能艺术化。

5. 多媒体显示练习题不清晰时候，老师可以读题、听算。

6. 课堂中，不能低头看教案，要把流程烂记于心。

授课者：张颖

年级：五年级

课题：lesson3

总体评价：清新大方、优雅得体。

精彩之处：

1. 教师朗读清晰响亮、语速适中。

2. 语法反身代词讲解深入浅出，能举一反三。

3. 实物图片丰富多彩，卡片书写漂亮。

改进建议：

1. 复习时间长，复习写的"单词复数形式"太小，看不清。

2. 学生在不会读较长单词时，可以分解示范。

3. 教师指令要准确，当"follow me"时候，不能突然变成"正误判断"。

4. 在激发学生学习热情上，需要奇思妙想。

授课者：何蕊

年级：四年级

课题：lesson3

总体评价：成长快，站稳讲台啦！

精彩之处：

1. 示范朗读语速不紧不慢，明朗悦耳。

2. 表演有趣，并能为新单词的掌握服务。

3. 能创造合适的英语语境，学生积极思考，参与热情高。

4. 板书、纸条书写工整。

改进建议：

1. 做一些听力训练，句式训练要形式多样。

2. 教师在"找朋友"歌曲时候，可用英文。

3. 把每一节家常课都能上成公开课。

授课者：曹迎燕

年级：一年级

课题：《蘑菇该奖给谁》

总体评价：需要"瞬间加速"，热起来！

课堂亮点：

蘑菇识字小卡片适合低年级识字训练，颜色鲜艳，符合本节课内容。

重建建议：

1. "好"口头禅太多，语气没有抑扬顿挫的变化，因为（wèi）读错。

2. 指导朗读方法欠缺，范读需要加强练习，先把文章读熟练是基础。

3. 词语有温度、句子知冷暖，要引起学生的阅读兴趣，让思维跳跃起来。

4. 一年级学段特点要清晰明了，不能将趣味盎然的童话上得索然无味。

授课者：朱雯文

课题：《李广射虎》

总体评价：自如、自然、自由，上升还得"锤炼"。

课堂亮点：

1. 挑战新领域，从诗——文——诗，浑然一体。

2. 教学评价，鼓励及时准确。

3. 课堂上灵活应变，沉稳老练。

期待值：

从"真想变成大大的荷叶"到"蒲公英",再到"李广射虎",一个挥洒自如、魅力四射的朱老师经历了童趣——情境——神勇。视野开阔了,童言坚定了,可我还在期待:期待大大的课堂,思维翩飞、风行果断,距离这些还有一段不近的路程,缺少让听者记忆犹新的语言,缺少李广那样"纵横"教材的气魄。缺少认真思考的安宁,缺少不把学生小觑的胆量。

授课者: 郭艳茹

课题:《我不是最弱小的》

总体评价: 有板有眼、声情并茂。

课堂亮点:

1.教学设计丝丝入扣,从树林——雷声——花儿——萨沙——主题,变出教学新颖。

2.大气稳重,压得住场子,教学过程松紧有度。

3.全盘在心,步步扎实。

期待值:

听罢,感慨,一个有潜质的好语文老师。言简意赅,拓展自然。但似乎总少点啥。缺点什么呢?把一篇简单的文章嚼烂嚼碎喂着吃,把"串讲"变成了"串问",还是要把课堂还给学生,人家的地盘人家做主。多些变化,多些留白,多些趣味,多些积淀,一定会赶超"大郭"老师!

授课者: 王佩

课题:《爱如茉莉》

总体评价: 气势磅礴、游刃有余。

课堂亮点:

1.创设情境比较轰轰烈烈的爱和平淡无奇的爱。

2.不动笔墨不读书,读书作批注。

3.教师情感完全投入课堂。

期待值:

孩子们太需要爱的教育了,老师对爱的激情诠释,仿佛重锤敲到棉花上,以前"课堂如死水"太可怕了,现在"死水微澜"仍然挑战着老师的意志。

路漫漫其修远，上下求索也未必能修成正果，所以，赶快提高自己的课堂素养，罩得住所有学生，让每个娃都热血沸腾，还得练火候啊！

授课者： 符志宏

课题：《谁的本领大》

总体评价： 男老师就是有男老师独特的魅力。

课堂亮点：

1. 人课合一，忘自己忘听课的人，"我"的眼里只看着学生。

2. 简笔画顺手拈来，轻松自如。

3. 太阳、风角色感强，貌似冲突，实则理解文章寓意。

期待值：

一首首古诗的积累，一声声磁性的朗读，一张张烂漫的笑脸，一阵阵比赛的呼声，就差那么一点点、一点点的升华。虽然意外无处不在，但也有必然，期待一次次的破浪扬帆。

【在评课后的跟帖】

王佩老师：

教，然后知不足。在今后的课堂教学中，我将留心学习、用心积淀、尽心教学，锤炼恰到好处的"火候"！

朱雯文老师：

不同的课堂，无限的成长，感谢帮助过我的前辈。理性果断、深入教材、放手学生，是我今后的课堂目标。虽然距离目标不近，但我会一步一个脚印勇敢直前。

郭艳茹老师：

修正自己、扬弃自己、充实自己、丰满自己、发展自己、提升自己。

符志宏老师：

赛课数次，每觉略有所获，辄喜。然忆以往，多次失败。所幸各位老师倾力相助，课前课后，出谋划策，受益良多，小有所成。此次赛课，有成功之处，也有遗憾之点。来路坎坷，去路漫长，继续努力，博取众长，使教学水平不断攀升。

送给老师们的年终总结礼物

送给冯宁宁老师：
暖流热烈烈　花开静悄悄

送给符志宏老师：
雨露滋润幼苗长成参天大树
阳光温暖红烛构建人间天堂

送给郭春霞老师：
毛笔字钢笔字粉笔字画画跳舞那是样样能行
教案本听课本学习本批改授课还需件件榜样

送给姜玉霞老师：
把握现在时将来怎会虚拟语气 beautiful
追求最高级理想常融青春动词 wonderful

送给王佩老师：
夕阳下面谈心话
风筛月影竹自移

送给许龙江老师：
报偿不计苦累不算大家夸
德高为师身正为范人人赞

送给尹雯老师：
平凡世界 回首时 苦辣酸甜忧乐喜
执着人生 会心处 之乎者也矣焉哉

送给张顺林老师：
歌师恩颂师德谢师长恩德无限

无尘淡淡香

吟心曲咏心声表心境曲声有情

送给张艳老师：
教学水平高业务能力强 欣赏
情操情绪美小组管理优 共勉

送给闫燕子老师：
人勤春早快言快语心肠热
物华秋实学这学那胸怀宽

送给范文侠老师：
黑板粉笔书写知识点淋漓尽致
师德风范融入学生心习与性成

送给李军老师：
腿勤＋嘴勤＋脑勤＝进步
热情＋激情＋真情＝成功

送给罗志龙老师：
纯牌爷们
激流勇进方显英雄本色
绝处逢生净现侠骨柔情

送给金卫鲜老师：
一支粉笔，积淀千秋智慧
三尺讲台寄托万世文明

送给朱雯文老师：
四季晴雨加上五脏六腑七嘴八舌九思十霜滴滴汗浇桃李
七卷诗赋连同六艺五经四书三字两雅一心点点爱芳天下

吴旬凤校长：
师声生声多少声声声赞叹
校事家事大小事事事楷模

看着想哭

一直觉得自己是个薄情寡义之人，看博客、空间很少留言、评论，除非一些文章激活了我敲击键盘的十指。今天，看着宏子写的诗，难过，想哭。

八月既望，阴雨初霁，
寻访旧友，于秋意中。
大楼依然，又增面孔，
众见我来，欢笑问候。
小曹小王，孕韵兼具，
梁老师忙，来往如风。
小郭沉稳，凌厉如从，
雯文强势，管家言行。
小赵热情，馈我蜜茶，
小何率真，欢笑而拥。
年长我者，问我未来，
年似我者，问我心情。
各有所虑，情意最重，
去时碌碌，走时匆匆。
惟愿故知，一切顺意，
但得如此，不虚此行。

宏子、小李、雯雯、小王是我早年从人才市场招聘来的。现在依然清楚记得那个冬天，我和燕子穿着厚厚的棉袄在师院的交流会上提问小李，在那个夏日，宏子和小王来试讲，在我们收拾桌子的时候，雯雯和他帅男友指着牌子说，就这里，就这里！这些孩子们对我说的"条件差、薪水少"都无所谓，我们能自豪的就是人好。现在，壮壮都已经能打酱油了，小王也要做妈妈了。可这两个小伙子，却没有如此好运，前年小李悄然离开，今年宏子笑着离去的时候，我不敢多说一句话，怕我忍不住，忍不住要骂这个安贫木讷、才华

都藏在肚子里的笨小子。

五年，语文组所有的老师亲如兄弟姐妹。宏子负责各种粗活、各种电脑作业，画画写字，有求必应。元旦的时候，一定要由他校正音准，无论谁唱错了节奏、调子，他都超能纠错；六一的时候，他的朗诵张口便能满场喝彩；和小王对诗，和雯雯对唱，我们这些老姐打拍子，这些，这些怎会还有？

也许，这都是成长的磨砺和苦难吧。惺惺相惜，很多情意埋在心里未曾说出口。华东游后，大家把宏子写的"小猪乱发如飞蓬"戏称神来之笔，讲"众星捧月"的时候，就只看看《五星红旗》歌伴舞的现场就明白了……如今，如今，这些怎会还有？以为会埋怨，会伤感，却还是如此淡泊，感激大家的关心，祝愿大家顺意。"年长我者，问我未来，年似我者，问我心情。"我们，曾和他一起欢笑、痛苦、开心、难过的我们，除了问问这些，还能怎样？

今年的教师节，虽然没有他，对他的祝福却是永远。好在，还有五年的财富，还有年轻的岁月，一定会好的。这些，是我们在心里未能开口，却很想很想说的话，看看星空，忍着不让眼泪流出来说的话。

第四卷
耕耘，浅浅的诗行

生活不止眼前的苟且，还有诗和远方的原野。听广播、下厨房、聊家常……每天都可以在希望中憧憬明日的一叶扁舟。

烧水壶中的绿豆苗

说来很惭愧,我算不得一个勤快的主妇。常常恨不得封了厨房,戒了三餐。仔细剖析了原因,当年,为了给儿子计算营养,曾经用天平去称各种原料,然后严格按比例料理成萝卜泥、土豆泥、肉松,被同事们一直作为笑话来传播。大家看到儿子的时候,就会给旁人隆重介绍:"快瞧快看,这个瘦猴子,就是梁老师用天平喂出来的娃。"唉,用心理专家的话,这件事情成了我的厨房阴影。

儿子慢慢长大,不再需要精工细作,而且粗放式喂养的优势慢慢得到体现。加上工作的忙碌,去厨房的时间就越来越少了,我的最高的泡碗记录达到三天。没想到,懒毛病却成就了一个美丽的瞬间。

记不得哪天,儿子想喝绿豆汤。我从乱七八糟的干菜袋中好不容易发掘出一袋绿豆,撕开口,就听得"大珠小珠落玉盘"的声音,绿豆淘气地"连滚带爬"跑满一厨房。心里一边笑自己越来越笨拙,一边收拾着残局,里里外外,上上下下的让这些淘气包们回家。没想到一颗最可爱的绿豆蹦进了餐台上的烧水壶中,而那壶中还残留着我没有倒净的几滴水……

若干天后,听到儿子在厨房里喊:"妈妈,快来看呀!"天!临窗的烧水壶的嘴里,一株纤弱的豆苗正在风中摇曳,摆动着她仅有的两片嫩叶,炫耀着清晰的叶脉。毛茸茸的腰肢上,豆芽还未褪尽,柔软竟然在坚硬的不锈钢中诞生并且肆意地生长。

我端详着这小小的生命,它能生长到开花结果吗?不能。它能伸出窗外和其他绿叶一样苗壮吗?不能,相同的只有光合作用。它想过钻出来就意味着短暂吗?我不知道。我时常瞻前顾后,温习伤害,在坚强后面躲着软弱。我愿意不再去管明天是什么样子,把每天当作末日来对待,尽情地将自己放入仅存的几滴水里,每天都去奋力生长,无论是否开花,无论何时枯萎……

两朵小茉莉

学校里来了两个如花的姑娘，她们既不像文竹一样娇滴滴的，亦不似玫瑰一样艳丽馥郁。想来思去，宛若满眼绿叶中藏起来花蕊，却在你不注意的时候，散发出一阵阵清香的洁白的小茉莉。

记得自己刚毕业那会儿，和宿舍的同事偷人家房东地里的黄瓜；晚上饿了偷人家厨房里的包子；睡过了头被锁在了院子里，就翻墙搞得一身的苔藓；晚上还会走在粪堆旁晒晒月亮……那时候的我们像什么呢？大概就像没有约束的马莲草吧，肆意生长的叶子，没有裁减。

这两朵小茉莉呢？她们不张扬，不野性，不怕苦，不甘后，不多事，不偷懒。她们偷偷地鼓劲，偷偷地争先。雯文一次生病的时候，我只是给她一些很简单的关怀，她什么都没说，可我一样闻得见她散发出来她接收到的温暖。核桃壳一样坚强的她，除了坚硬，我认为核桃壳最像人的大脑，一个有思想，愿意思考的人是最最辛苦的，可我依然也能感受到她散播出来的因思考而快乐的味道。

希望这两朵小茉莉相互扶持，相互为镜，千翻煎焙后，得一盏茉莉花茶，品起来一定别有一番滋味。

工作也可以小资

　　喜欢在周末工作，并不是因为自己是"工作狂"。除了朋友约逛街或者出游外，我愿意在学校的办公桌前度过一个很小资的下午。

　　周一到周五，想批改作文的时候，总要处理一些事情，家长或者同事需要交谈，铃声一响下课后的喧嚣、做操，听课上课，一天还没觉得就过去了。常常是翻开一面文章，刚看了几行又撂下，回头又看那几行，所以练就了一身速战速决的本领，来不及细细品味。周一到周五，想要打开音乐怕影响别人，我的耳膜也受不了耳机的摧残。周一到周五，想去整理思绪写点东西，静不下来，只能整理那些没有情感的资料或者应付么片子的报表。

　　周日早晨，如果运气好，太阳晒进屋里，把家里的陈设、被褥收拾得整整齐齐，扫干净楼梯，洗个澡换身干净的衣服，唤醒儿子和老汉去吃中华路的肉丸胡辣汤。如果运气好，不逢节假日，不在家里忙着做很麻烦的饭菜，我就会在这里小资地工作着。

　　这时候，不怕有人打扰，也不怕打扰别人。整洁的校园里的阳光只属于我一个人，一杯热茶或者一杯咖啡，喜欢的音乐可以到 high，把手头的工作摊开一桌子慢慢地一件件做完，扔掉纸屑，关闭打印机，给小竹子蓄水，伸个懒腰。明天不用慌慌张张地忙东忙西，作文看完了就像学生写完了作业一样轻松，试卷看完了，明天可以发给他们了，自查报告写完了，明天可以跟领导交代了，明天甚至可以跟好朋友聊一阵子，真好。

　　写不了微博，原因有三：1.我不能几个字就能体味人生，写不了经典的话。2.我一写就秃噜几百个字。3.不求围观，做不到文不在多，什么都行，话不在多，给力最真。没有原创，转发也行。所以，又一次作罢，还是在博客里"噼里啪啦"敲着键盘过瘾，就此罢手。

后视镜被蹭后

周末，两位女司机驾驶着她们心爱的新尼桑、大别克，蜗行在拥挤的三桥路段，爬着爬着，居然使两面"毫无好感"的后视镜相互"亲吻"，真行！

"砰——"被蹭者房老师怒目圆睁之际，肇事者已开出去 10 多米，脑袋伸出车窗外，回眸叫道："没事儿吧？"蜗行的车流再一次拥堵，房老师下车检查，后视镜上一条七八厘米的划痕。她狠狠瞪了一眼前方的红色尼桑，"咣当"关上车门，坐在车里开始运气。"没事没事，多大个事儿，你现在说怎么办？"我连忙给她宽心，"要不你给老汉打电话，问问？"沉思一会儿后，房老师斩钉截铁地摇摇头，"还得落一顿唠叨，算了！咱们俩看着办！"

车流没有丝毫移动，我慢慢靠近肇事车辆，轻轻敲了敲车窗，"你好！想和你商量个事儿"，女司机满脸歉意，打开车门，"不好意思，坐坐坐，坐下来说。"我刚刚坐在副驾驶座上，车流开始缓缓移动，电话铃一声紧似一声，"房老师，别着急，我丢不了，我跟司机商量，你跟着就行，丢不了，她也回咸阳呢！"

又一阵电话声，年轻女司机的，"刘总，您好！我今天不是成心要提前离开，我怕控制不住情绪，整个团队的人还要跟着我干呢，我不能让他们看着我流眼泪……"她哽咽着抽出一张面巾纸。我不由得打量起眼前这个干练而伤心的白领，从她谈话内容中，我大致了解到她应该从事房地产楼盘营销策略或者市场调研，刚刚结束的开盘活动，业绩从她以前做的几个亿跳水到了几十万，老总骂娘，员工薪金受到冲击，她难过得不得了，开着车稀里糊涂地就走错了路，经过房老师车的时候，一眼没看着就给刮了。

她结束了 10 来分钟电话后，再一次歉意地对我说："真不好意思！你看，咱们是修车呢，还是我做个赔偿？多少钱合适？"

"不着急不着急，这不堵车么？咱们到家后找个修理厂，不用赔钱，修理需要一块钱你就给一块钱，需要一百你就给一百，你看行不？"

"行行行，如果回去晚了，修理厂关门了，我给钱能成不？"

"好说好说，小事情，我就来试试看，如果你真是个不讲理的，我们打算自认倒霉呢！"

"不好意思啊，今天工作不顺，心情糟糕，堵车还把你们蹭了，真是悲催，儿子还在家等我呢！"

"这就是连锁反应，当你心情不爽的时候，发现所有的都拧巴了，其实，楼没跨、人没事、娃乖着呢，你悲催个什么劲儿？哭得跟泪人儿一样，透支烦恼么！"

她一脸惊异和崇敬看着我，"姐姐，我这车没白碰，遇到个高人，一语惊醒呀！姐姐，你是老师吧？"这下换到我惊异了，小丫头挺厉害么，我外形挺不像个老师的，可能是语气，估计好为人师吧。就此，我们在友好的氛围中进行了长达一小时的谈话，女司机扬言，醍醐灌顶，我也敬佩起这个能干并且有责任感的80后，早把房老师的车忘到九霄云外啦。

车开到丝路花城，沈记者和沈福福同学已经在门口处，儿子用户外手电筒仔细查看一番后，和他爸爸耳语了一阵，又悄悄跟房老师说："干妈，上面的小坑坑不是肇事阿姨碰的，是旧伤；那个刮痕我爸爸给你打点蜡一擦就好啦！算了吧！"车的事还是男人擅长，小男人都能解决了。嘿嘿，我从老汉车里取出两个黄澄澄的橘子，一个递给房老师，一个递给小白领，"各回各家，各找各娃，碎碎个事儿，周末愉快！"

周末愉快，宽容愉快，蹭车愉快，生活态度很愉快！

上善若水

昨天写下签名：上善若水，韬光养晦。

水利万物而不争，但却是最有力量的。"药水、墨水、生理盐水、茶水"，都离不开水，可是水，却在这些东西的后面；而"脏水、污水、浑水"，说明水可以藏污纳垢，任何不好的事情，都可以被包容而改变。

《孔子游春》中，孔子遇水必观。"水奔流不息，是哺育一切生灵的乳汁，它好像有德行；水没有一定的形状，或方或长，流必向下，和顺温柔，它好像有情义；水穿山岩，凿石壁，从无惧色，它好像有志向；万物入水，必能荡涤污垢，他好像善施教化……由此看来，水是真君子啊！"

试问，有几人能若水？能以德报怨，海纳百川。所以，这是人们的道德憧憬和榜样，能做到"以直抱怨"已然是很了不得的事情了。

今天高考作文话题：《船主和漆工的故事》——有个船主，让漆工给船涂漆。漆工涂好船后，顺便将船上的漏洞补好了。过了不久，船主给漆工送了一大笔钱。漆工说："工钱已经给过了。"船主说："这是感谢补船漏洞的钱。"漆工说："那是顺便补的。"船主说："当得知我的孩子们驾船出海，我就知道他们回不来了。因为船上有漏洞，现在他们却平安归来，所以我感谢你！"

油漆工是在平凡的岗位上恪守职业素养，并具备了较高的职业道德，从而也就造就了平凡之中的看似平凡却又不平凡的"顺便补的"，而因为这样一个小小的善举船主的孩子才平安归来，船主的"一大笔钱"便是知恩图报了。就如同"最美老师"和"最美司机"，他们的行动被别人赋予了高尚，他们的职业素养已经不容思考自己的生死，只是做应该做的事。

对照自己，从教20年，对学生爱如己出，对家长尊重和善，对工作不断进取，也顺手做了些小事。我缺什么呢？忍耐、宽容、糊涂、藏得住事儿。距离水，差很远很远。

记忆中的那片金黄

一直以来，我就有着很浓郁的"乡村情结"。四月，油菜花开。铺天盖地漫过我的眼前，恨自己不能在乡野小道，荷锄夕归。那一丛丛、一簇簇、一片片的金黄，如灿烂的笑容和自然随意的心情，随风摇曳，无虑无忧……

清明节，和家人一起驱车汉中。刻意寻了一条小道，虽行车颠簸，但游人少、车辆少，便没有了拥堵带来的不快。进入南郑，无论路的宽窄、远近，油菜花时时刻刻在车的四面，用明艳的金黄陪伴，配上油绿的田地，笔直的水杉，仿佛是马良用神笔描画渲染出来的一般。行至任何一处，不管是远山人家还是梯田花阶，只要有人大喊"快看"，便随意停下车子，钻进菜花地里，和蝶儿、蜂儿、花儿、虫儿嬉戏一番。老汉忙着摄影，小孩儿在花地里若隐若现，想起杨万里的"儿童急走追黄蝶，飞入菜花无处寻"，哪里是蝴蝶无处寻，我看儿童更是无处寻呢。

正午，油菜花们全舒开了拳脚，露出了星星般的花蕊，正如好看的眼睛。这时，花是一朵、一丛，偶尔打成一片，成就了一片暖暖的黄。温热的日光下，有风的时候，游动的花香扑面而来。一种质朴的香味儿，一种淡雅的芬芳，似乎还夹杂着些许泥土的味道，令人陶醉其中，融入花海……眼见着油油的绿衬上油油的黄，小小的花瓣托举着柔柔的花蕊，尽情地开放在这四月，这乡村中最平常无奇的花儿。

走了一路，拍了一路，看了一路，美了一路……

踏花归去马蹄香

九龙潭位于我国南北分水岭的北麓，古城境内的喂子坪。素有"小华山"之称。

听当地山民介绍，后山有一便道，人迹罕见，风景更是别致。曲径通幽，正合我意，欣然前往。

天地有大美而不言，四时有名法而不议，万物有成理而不说。这是一派多么奢华的山川景象！

千岩竞秀，遍山苍翠，山花曼舞。涓涓清流，如少女的双眸，清澈、晶莹，多情。娇嫩的杏花，经不起春风的轻抚，纷纷扬扬。花瓣悠悠，如丝般的，滑过脸庞，粉雨似的，温润干涸的心田。流水声，鸟鸣声，欢笑声，难得的奏鸣曲，欲显山林的静谧。此时此刻，思绪凝滞，静默地享受大自然所赐予的甘醇美酒。熏熏然而不知归！

九龙潭，潭潭精彩，潭潭纷呈。一潭水深五米，在奇石轻径中形成；二潭似世外桃源，在绿瘦红肥的花草中形成；三、四、五、六潭连在一起，有一个更雅致的名字——连珠潭，浑厚，大气，一泻千里，有万夫之勇。聒耳的吼声，如浑厚有力的秦腔，令懦夫成勇，剑客思愤。从第四潭开始，山势愈加陡峭，怪石林立。胆小的我，两股战战，四肢并用，狼狈至极。四壁合围的七潭，百米瀑布，望而生畏，肃然起敬，喟叹大自然的鬼斧神工。不过印象最深的当属九潭，曾经设想，高山之巅，它应该更为磅礴、璀璨、凛然，气势如虹。可是，事实刚好相反。九潭，一卷温馨从容的夕阳图。白发苍苍的两位老人，悠然的，坐于石凳之上，低语着，轻笑着，没有年少的轻狂，铁马冰河的激荡，淡然如茶。往事如风，怎能没有伤痕，没有泪？那些伤痕，也许早已渗入每寸肌肤，沉于世，漂泊与心，淡然相忘。留下的只有相濡以沫的相互搀扶着走过的岁月以及岁月中渐行渐远的脚步。人生最美的景致也不过如此吧。

不经意间，一抹暗香，弥漫开来，邓丽君的《甜蜜蜜》真的好美……

每日碎碎念

2015 年 3 月 25 日

儿子，妈妈今天想对你说——与众不同的背后都是无比寂寞的勤奋。

"夜已深了，蝉鸣声止。整个白昼，他们尝尽阳光和炎热，欢唱不止。而绿蚱蜢则是夜间凶猛凌厉的猎手，它向蝉扑去，拦腰抱住，把它开膛破肚掏心取肺，轻歌曼舞……"

这是今天我的五年级学生的摘抄作业，出自法布尔的《昆虫记》。法布尔用了近 40 年的时间，把普罗旺斯的"荒石园"建成了一座花草争妍、百虫汇聚的乐园，他守着园子，不知疲倦地从事他的研究，甘于寂寞和清苦，几十年如一日地进行创作和研究，所以《昆虫记》的文学价值也是始料未及的。法布尔就是一个"科学诗人"，他把每一个昆虫都视为珍宝，正因为痴迷，才走进了科学的殿堂。讲到酣处，忽然想到我痴迷于什么？妈妈认为自己醉心课堂，身教胜于言传，只有坚持不懈，才能走进你想去的殿堂。儿子，让勤奋成为你呼吸一样的需求。

2015 年 5 月 18 日

儿子，今天我们谈谈"零失误"。

每次测试后，你都会懊恼地说："唉，这道题不该错，那个是我会的。"这于事无补的话，每次说完下次再重演。怎样才能锤炼出"零失误"的品质呢？首先取决于热忱。热忱是所有伟大成就取得过程中的活力因素，它融入每一项发明，每一幅书画，每一部让世人惊叹的小说中，它的本质让我们意志更坚强。当你以全部的热情集中精力的时候，"困难"和"大意"就会在你的强大攻势下败阵。然后就是一丝不苟，关于小失误造成大灾难的，你比妈妈懂得多。在平时做每一道题的时候，各种"小细节、小陷阱"都要精确看准，把每一次平时训练都当作大测试来对待，在测试后才不会抱憾。优秀的孩子一眼能看得出来，他做题的时候，是屏蔽了一切无关的，整个世界只有自己和题目，而不是目光游离的那一个。我们允许自己不会，但是绝对不允许会的做错一点点。

2015 年 6 月 9 日

今天我们谈一谈"男女生交往"。妈妈也曾年少过，也会期盼上学路上与欣赏的异性巧遇，愿意多看他几眼，在这个时候，是最正常最无邪的情感。就像一条清澄滢澈的溪流，不染纤尘。可是小溪毕竟清浅，它面对大山巨石，沙漠戈壁，这流清溪能蹚过去吗？花季少男少女的青春期是美妙的，这种感情处理得当，一个好心情可以促进学业；反之心生杂念，就会适得其反。只有自己强大，才能获得自信，才能恢复从容、和谐、平稳，一心一意地学习，妈妈相信你处理得当，心无旁骛才不会心猿意马。

2015 年 9 月 28 日

儿子，进入高中的这一个月，我们都是跌跌撞撞的。看着你军训后晒黑的脸庞、日益结实的体格妈妈很开心，但是看到你不能将每一科融会贯通心里着急呀！妈妈最近在读季羡林的散文，朴素寻常的文字隐藏着丰富而真挚的情感，我也想倾听未名湖里残荷冬眠的鼾声，可是现在，围着你团团转却起不了一点作用。晚饭的时候，你跟我说你不愿意是学习机器，除了分高，啥也不会。看你那一脸仇"富"的模样，想笑。分低点就低点吧，你知道体恤同学，服务别人，除了分数，你会做个馅饼，讲个笑话，看见邻居的垃圾也会顺手带走，这些也许是以后生活品质的基础。当然，多考一分还是很好的。

2015 年 12 月 1 日

儿子，调班了。看着昔日的好友都去火箭班了，你失落的样子我竟不知说什么好。你从抵触这个学校到爱上你的班级你的老师，你曾经立下的豪情壮志都在此刻变得那般凄凉。这次，我没有去宽慰你，想让你自己跨过去。老师交给你写家教心得的任务，你冷冷地说，"学成这个烂样子，还给别人介绍啥经验呀！"你能自嘲了，比起不说话要好很多。儿子，今天妈妈想对你说："无论你的成绩有多么糟糕，我和爸爸都永远爱你，你是孤品，贵着呢！"

咱们俩一起听《爸爸爱喜禾》的时候，我想有那么一天，你也会突然从量变到质变，一下子会"格萨尔王"了。

我们离得不远

我们离得不远
我们只隔着万水千山
没有翘首云外的青鸟
也没有期盼南飞的北雁
时空的距离
阻挡不了这漫天思绪
尺幅的荧屏
传递着真诚和感念

我们离得不远
我们只隔着沧海桑田
没有让欲望吞噬心灵
也没有让思念如青藤蔓延
拂去一身的疲惫
描绘着憧憬和期盼

我们离得不远
我们只隔着风花雪月
没有了年少的轻狂
梦不到"铁马冰河"的场面
如歌的岁月
趋于茶的淡泊
往昔的记忆
如林间流水潺潺

我们离得不远

我们只隔着古渡阳关

没有故人的送别

也没有"春风不渡"的伤感

江南的烟雨

弥漫着丝般柔情

塞外的风霜

注定要梦断楼兰

我的广播时代

每每听到一些年轻人骄傲地宣称"我是 80 后""我是 90 后"时，我会撇撇嘴，有啥好牛的，不就是个时代标签么，谁没有"后"过？俺是 70 后！还咋咋地？

我们这个时代没有沉溺网吧的晕厥少年，没有对着父母歇斯底里的疯狂少女，没有除了学习还是学习的"眼镜儿"。我们的文学启蒙来自神奇的——广播。

小时候，家里并不富裕，但有一个造型伟岸、旋钮多多的收音机。每到中午吃饭的时候，一家人就围着它收听评书，《三国演义》《岳飞传》《杨家将》……夕阳西沉的时候，会有很多广播剧，记得《夜幕下的哈尔滨》《麦琪的礼物》《叶塞尼亚》……生病的时候早晨 10 点，"答滴答，答滴答，答滴滴滴答，小喇叭开始广播啦！"听着里面的故事，吃着"病号罐头"，真美。

渐渐的，信息高速公路的飞速发展，工作忙碌，收音机遗忘在角落，伴随我们的是电视、电脑。直到一天晚上家里停电，给儿子找出一部半导体收音机，听到了马三立的相声，儿子听得忘记了黑暗的害怕，在"流行纪念册"中酣然入睡。而我在"吱嘎吱嘎"的转动后，听到一个沉稳的、厚重的，区别于江夕那种如月光的声音，如一堵长安的磬，随着电波在耳畔鸣响。

这个人就是《长安夜话》主持人力闻，儿子说："这个人的声音，怎么那么像《潜伏》中的余则成？"有时候还会嘟囔，"妈妈，我看书，你听余则成，你说这个余则成就不能早点做节目，让人也能早点睡觉。"是的，本来打算催眠的，没想到越听越精神，用力闻的语气：譬如说——

"我孩子 10 岁了，总是去网吧打游戏，我实在管不了。"

"咱是家长，就让个 10 岁的娃降住了？投降了？咱得说他不明白的，而不是一遍遍重复，咱得是强大的，有原则的。"

"我刚开始工作，主管说我内驱力不够，怎么办？"

"我有个本领，能把书上那些骇人的名词变成老百姓的话，啥是内驱力？

就是你想不想弄！"

"我高二了，从中学的第一名变成 40 名，我想转学，重上高一，要不然老师说我进不了一本。"

"谁敢给你现在就定性？把他耍得大的。他要是给我电话，我就骂他，升学率把人逼疯了。你下降的不是分数，而是信心。你想重回到优秀的记忆里，但是有多少事能够重来？倒不如，抓住眼下。"

终于，我也有了一个和他对话的机会，表达了和他相同的教育观点：做最好的自己，做有梦想的自己。一直以来，我会被血淋淋的分数排名压得喘不过气来，看着别人穷追猛打，对学生狂轰滥炸，逼着家长给孩子报名各种辅导班。我却保有一份宁静，欣赏国学，继承国学，首先让学生成为有教养的人，然后才是各种技能和成绩优秀。有时候，会迷茫，暂时看不到成果，背诵的那些古诗词百无一用。现在清楚了，还是做自己，做学生生命中那个启蒙的人，除了授业，重要的是传递"文明"，也许不见得是灿烂的太阳。就算是做一片绿叶，也做最绿的那一片。

同时，觉得我和力闻很幸运，有这么多的鲜活的、每天不一样的事件，让我们可以思考，让我们觉得自己还很有用处。

"长安""星空"谁更亮?

《长安夜话》和《星空夜话》均为晚间谈话类节目,他们的掌门人——力闻和刘凯,都是"十八般武艺"样样精通的大侠。推理、剖析、类比、引经、据典、同情、愤怒、关切、斥责,信手拈来,挥剑张弩,谈笑间,樯橹灰飞烟灭,那可是处处无招胜有招呀!力大侠堪称"豁达睿智",刘大侠自是"犀利灭绝",一男一女,一暖一冷,一徐一疾,一静一动。听了一阵子后,记录两位不同之处,看看谁是夜空更亮的那颗星?

首尾不同

力闻对于听众一开始就流露出的溢美之词,会客气回到"谢谢,谢谢",伴随一两声粗粗憨憨的笑。刘凯则会"嗯,说你的事吧",干脆利索;力闻一般等听众挂电话,会用"你琢磨琢磨"表示——我要挂电话啦。刘凯则会对那些说罗圈话,地球人都明白了,自个儿还不明白的听众亮出红牌,"我已经跟你说得很明白了,你怎么就听不懂呢?!就这样吧!"咔嗒结束。

语气不同

力闻慢悠悠的,用老百姓的话,说老百姓的理儿,常说"这咋弄呢,娃还年轻,小伙有些刺毛,咋是个这么,听哥跟你说……"像邻家一个什么都可以问,什么都能找到些答案的大叔;刘凯属于"以毒攻毒"的语气,常说"你想怎么样呢?你到底多大了?你都看什么书?你别问我,你得问他,然后呢?喊,这也算个事?"伴随着一两声冷笑,像一个心狠手辣、医术了得的外科医生,你会疼,但是有时候真还能治病,如果能听进去、听明白的话。

例子不同

力闻一般从"1"向外辐射，用身边的例子，"我哥们，我同事，我朋友"等，用术语"集体无意识"，"阿喀琉斯之踵"，一般都能含沙射影；刘凯则会用"公交车、打乒乓"，感情方面喜欢用打球、拔河，一般都能从有形见无形。

感觉不同

和力闻谈，轻松、被尊重；和刘凯谈，挨刺儿、疼。估计挂上电话后，一个挂着泪珠睡着了；一个痛定思痛，坐起来开始写检讨书。

受众面不同

打进电话一般两类人，一类是心里有事，生活过得不舒坦，想找人倾诉；另一类是遇到棘手问题，想找人帮着出主意。刘凯在细节上说事，主攻那些不幸和糊涂，嬉笑怒骂皆流畅；力闻一般在了解关键细节后得出一种规律，从而了解问题本质，即使没有类似的烦恼，也能从中有所悟，有所借鉴，聪明的听众则会触类旁通。

这是我听了一段时间两个夜话后做出的区别，仅为个人观点。无论如何，还是打心里钦佩他们，渊博的学识，脱口秀的潇洒，夜间工作的辛苦，还有作为广播从业人的态度。

和儿子谈《长安夜话》

　　从 2009 年秋天认识了这个叫力闻的家伙,很多"脑细胞"得到了更新和确认。2010 年的秋冬,是力闻老师职业生涯的瓶颈期,而我也遭遇了有史以来最难过的一学期。力闻老师接连发了几篇恨不得让每一个文字都变成一把把利剑的博文后,感觉好了许多;我,一个普通却还有一些智慧的我,在不停息的纠结和挣扎中,包扎起伤口,在一次冲锋陷阵中自愈。虽然,力闻老师可能记不得这个叫"淡淡香"的小学老师,但是我依然在固定时间"如约而至",倾听。昨晚,儿子看完书比较早,还没有睡意,也和我一起听起来。

　　第一个热线来自于周至一个 4 个月孩子的母亲,伴随着孩子撕心裂肺的哭声,女子哭诉丈夫 3 个月失踪,她竟然用生辰八字测人在哪个方向。儿子还没等力闻老师说话,他就先说起来。

　　儿子:这应该找警察嘛,找《长安夜话》有啥用?

　　我:也许她无法分析,只能找个信任的人讨个办法呀。

　　儿子:力闻老师管的是心理疏导,答疑解惑什么的,他又不能去把人抓回来,110 都不知道吗?

　　我:有些生活在底层的人,就是吃没文化的亏嘛。

　　儿子:妈妈,你肯定一辈子不会打《长安夜话》吧?

　　我:嗯——不好说,说不定我也有什么难事拿不定主意呢?

　　儿子:那你那些书不都白看了?你不是有文化吗?你不是说一个人的高度决定脚下踩的书的厚度吗?

　　我:对呀!可我哪能看尽所有的书呢,就是忽悠你还行。

　　儿子:要是看了书人也能长得高多好啊!

　　我:你说的是身体,拿破仑是巨人啊,他是小低个儿。

　　儿子:那小孩儿哭得真可怜!有这么个不负责任的爸爸真是他的不幸呀!

　　从和儿子的短短的谈话中,我知道,儿子已经有一些处理事情的雏形,还知道责任感和读书的无穷力量,心里很骄傲。

不再有烦忧
——怀念力哥

金老师的公公是心梗离世的，我们去吊唁。说起当时情景，老人的最后1分钟用尽了毕生的气力长喊一声，再也没有了心跳。可是，他中午还在和家人商量晚饭给孩子做点什么好吃的，下午还坐在沙发上看电视。一切来临之前，没有征兆，蓦地，就这么没了，从此阴阳相隔。

前几天，嫒妈发说说：我的电话，再也不会因你而响起。你怎么忍心连一个清梦也不许我？不愿相信中年丧偶，却也成为了事实，所有安慰的话都成了多余。

昨晚，老沈突然举起手机，"亢凯说，力闻……你自己看！"心梗！46岁！长安上空不再有夜话！怎么会？上周末还上节目呢，微博也刷新呢，怎么会？相继，文、核桃、雨点儿、忘莲陆续发了消息，我想做点什么，又不知该做点什么。发？看着彩色变成黑色的头像，删。不发？写点什么，怎么心里这么乱？9:30，不相信正常播出的节目一点点痕迹都没有，今天是周五多好，也许还有熟悉的有安全感的如长安洪钟一样的声音。没有，都没有了，再也不会有了。

那年冬天，拍的讲座照片实在不清晰，就P了一张铅笔素描，力哥看完朗声大笑，多有艺术气息！如今，只剩下了怀念。

"我也想飞，但又怕摔疼，于是，就苟且着，做些力所能及的事，但求无愧我心。"翻出曾经写过的文章，也许好好地活着是更好的怀念吧。在那边，力哥可以歇一歇了，不用每天装各种烦恼了。有朋友说天堂里多了一个果敢率真的主持人，我倒愿意那边，多了一个自由自在、无拘无束、不再背负拯救责任的江湖隐士。

写给即将中考的你

启尧:

你好! 我是和你未曾谋面的梁老师。对于周末的失约,深表歉意。给你精心挑选了两本书,只能等有机会的时候送给你了。

梁老师知道你是个特别优秀的孩子,当然并不是因为你取得的各种奖项和成绩,而是你的一些言谈和理念,让我深切感到,你是一个特别有态度的小伙子。

我只是个小学语文老师,打小儿也不是个好孩子,所以技术层面不敢给你指点,但是我特别理解孩子。就拿分数来说吧,我一直给家长和我的孩子的观点:分数只是参数,成长永远比分数重要,更不能在乎一城一地的得失,只要能打好两次关键性的战役,就能取得持久性的胜利。辩证法告诉我们,只有忘却才能铭刻,置于死地才能后生。

你一直苦恼的数学测试,索性不必去在意,每次考试前也大可不必痛下决心,信誓旦旦,要达到多少多少分。忘记分数,进入一个屏蔽的世界里,考试中只有数学题和你,答题时候有一种难以名状的快感就 OK 了。(很有可能,你在答物理的时候就有这种感觉吧。)至于爸爸说的粗心抄错数字等小问题,平常回家路上,强行训练一下,例如看一个车号或者电话号码一秒钟,脑子里会有一个映像,很快记下重复一次,练习久了,就不会有抄错数字的现象了。当然,渐渐地,自己的内心也会强大起来,就不会焦虑和懊恼了。

看了你的作文,惊叹你的积累储备和语言丰厚,同时,也有一些小小的担忧。我不知道作文的要求是什么,仅凭这篇文章来看,你为了写文章而写文章,铺排许多的词句修辞,但都显得"假、大、空",看着排山倒海,实则外强中干。首先,作文是表达内心的,打动自己的才能打动别人;其次,作文是服务于灵魂的,切准脉搏才能对症下药;最后,作文是独特的,人无我有,人有我优,才能死死抓住阅卷老师的眼球。这是从大的方面来说,对你而言,我认为从这几点试试看:

1. 书写工整。这是最容易做到的，平常写作的时候就刻意修炼一下，别看是小事，那么多卷子，认真书写的总是占便宜的，这也是我的经验。

2. 先声夺人。你的这篇文章开头绕啊绕啊，半天扎不出血来，着急。

3. 结构精巧。你的这篇文章看起来累，是因为满满的。试着写写题记，分版块来写。

4. 选材独特。不要说阅卷老师视觉疲劳的案例，不要用声嘶力竭喊口号的案例。

5. 情感真挚。真实、踏实、真诚、打动自己。

祝你在这周的模考中，轻轻松松，享受答题的惬意，相信你放下后，定能有意外的收获。

再见！

梁老师

2013 年初夏

写给即将远方求学的你

小焦同学：

你好！我是你爸爸的好朋友——梁老师。你一定会觉得我是个未曾谋面的陌生人，其实，我们见过一面，在你爷爷的葬礼上。那时候，你的高大、担当、替父母亲忙前忙后，让我深切感到你是一个有责任、内敛的小伙子。

从爸爸的一些言谈中我了解到，你在现在的学校特别努力，过得也很充实，正是一个和大家融合的开始，有不少的舍不得。是啊！大学生活魅力无穷，即使有复杂难懂的功课，即使有偶尔的难过挫败，都无法挡住每天的新鲜和快乐。这些朋友，这些短暂的日子，都是别人无法拥有的财富，祝贺你比别人多了这样的经历，可以让你将新学校的不适应"一脚端开"，直接大踏步勇往直前！即使还会有大大小小的"石头"硌伤你稚嫩的脚，那就让我们用180厘米的高度踩扁它，笑着说："这，有什么可怕的？"也许你还会流血、流泪，但那过后收获的一定是抗磨伤的"茧"，还有你一步步走向男人的成熟心智。

对于盲目的船来说，所有风向都是逆风

辩证法告诉我们，只有忘却才能铭刻，置于死地才能后生，当我们豁出去的时候，才能 hold 住自己。前方是多少差距和困难，我们无法想象。但是可以确定的是，我们选对了路，就不怕走远，只要坚持耕耘，一定会是一路鲜花。读书很苦，读书很累，读书很无味。那我们为什么要读书？是为谁读书？人生的起点几乎是相同的，但是结果却完全不同，要成为卓越者，关键是否有决心去为之努力。"个性决定命运"，个性包括了品行、性格和习惯。如何完成从平庸者到卓越者的蜕变，是每个人梦寐以求的事，它需要具备优良的品德基础，需要经过不断的感悟、修炼。听你爸爸说，你醉心于物理，也很下功夫。当你享受钻研和顿悟的时候，一定是一种无法言状的愉悦，苦又算得什么！

"你还有我！"

父亲和一个五岁的孩子整理花园，园中有块大石头，对于孩子来说，算得上一块巨石。父亲指了指说："你去把它搬开。"孩子使劲全身气力，去推那块大石头，石头纹丝不动，孩子回头看了看父亲，父亲说："你想想办法。"孩子很聪明，先在前方挖了一个坑，后用小石头撑起一个杠杆撬，石头晃了晃还仍然搬不走。孩子沮丧地坐在地上，父亲问孩子："你想尽了所有的办法了吗？"孩子含着眼泪点点头，父亲握住孩子脏脏的小手，说："你还有我，来，我们一起把它搬走。"

我只想告诉你，无论遇到多少挫折，遇到多少困难，你还有父母，他们将是你最坚强的拥趸。现在通讯这么发达，QQ，MSN，电子邮件，微博，让你永远不会孤军作战，孤立无援，你还有什么惧怕的呢？你还有这里认识的朋友和老师呢，没准儿当你大三的时候，我还可以当你的"恋爱顾问"哟！

几封家书

说到电子邮件，想给你说一说我好朋友的孩子。高中时候从彬县转来，因为有着一份执着和努力，录取到浙大竺可桢院。其实，我并不是想要炫耀他的成绩优秀，核心想说，他在追求这个结果的过程中所体现出来的态度、思想，以及体现出来的能力特质，体现出来的勤奋、专注、灵活、细心以及谦虚等品质。这些，你也一定可以掌控，并且坚守一生。

再给你看看他写的家书片段：

第一封：

爸、妈：

终于可以静一下了，写点东西，说说我这半年，这个忙碌的半年、这个充实的半年、这个收获的半年、这个付出的半年、这个慌乱的半年、这个蜕变的学期。

比较累，虽然我知道这不算什么，以后还会更累。几乎每天6点不到起床，12点多、1点多睡，还因为挑战杯、夏令营论文的事情熬过好几个通宵，早晨6点到7点睡一个小时，接着上一天的课。两周时间瘦了12斤，体重最轻时候成了65公斤。

无尘淡淡香

挑战杯最后拿了校赛一等奖、省赛一等奖，评上了学校的优秀党员。感觉心智一直在成熟，对各种事情的接受能力在不断提高，也更能控制自己情绪、调整自己心态。有时候觉得自己对父母挺不孝顺的，虽然心里感情很深，但是总是装着，不懂怎样去表达。现在才真正体会我上高中时，你们对我的包容和理解、关心和耐心。

儿
2011年7月2日凌晨

第二封：

爸、妈：

当你们看到这些话的时候，我正在回家的火车上。

想了半天，决定写这么个东西，口语叫"家书"，正式一点叫"内部交流材料"，外交上我们叫"知会"。

说实话，从考试到现在，我一直很坦然，因为我觉得只要自己时间利用好、态度端正，虽然不一定就能比别人考得好、学得好，但是一定能对自己有所提高。所以我一方面节奏很快、工作量很大，但是另一方面却从不紧张、从没心虚。但是，今天考完试，我开始紧张了。"近乡情更怯，不敢问来人。"小时候读这首诗，总觉得这人可能是原来在家乡犯了事了，潜逃在外，过年时候想回去但又不敢回去，一问人害怕被人认出来。一直到几年前，还对这话没有太多感悟。今年，突然懂了。

以前我们宿舍闲聊，说我们像一群农民工，那多半是开玩笑。今天感觉其实也不全是玩笑，从某个角度讲，我们是"精神农民工"。有人说，大学读了四年，让人很后悔，但要不读这四年，让人更后悔。农民工在外一年，过年回去的时候，发现自己没挣到多少钱，那种心情，可想而知。很遗憾，这半年在浙江打工，又没咋"挣到钱"，唯一能安慰一下自己的，就是今年还上了一两门可能有一点意义的课。

想起一个词——"漫醉归途"，是幸福、是感念、是思索、是体悟……借此为这篇千字文做结。

儿
2010年1月26日晚

第三封

爸、妈：

开学这些天，大三全体同学都几乎和我一样经历了一段心里的煎熬，不止一次和同学坐在一起说现在的保研、考研、就业，说自己的想法、痛苦，不止一次和宿舍同学说学校目前的状况、自己的打算。大家都一样，突然面对很多问题，有些措手不及。

这几天想通了。没有必要把以后的啥事往绝想，好像不到北大就会被判无期徒刑一样，走一步看一步，应该有规划，但是不能想得太远，太远了就没有实际意义了。所以把眼前事情做好，踏实一点，就像前两年一样。大一时候就是把成绩弄好，把专业选好，多看些书，把基础打宽、打深；大二就是把成绩拔上去，把各种信息收集一下。日子过得比较简单，但是也很踏实，很充实，都取得了稳定的进步。大三，书要看，科研要做，其他事情把分内之责尽到。其实心态摆正了，自己定位定好了，日子可以像大一大二一样踏实而有收获。大一主要是认识大学，大二主要认识金融，大三主要认识自己。目前对自己的认识：我是个好人，虽然平凡。

儿

孩子，看到了吗？你也会是这样一个努力向上、心存感激、给父母亲人带来欢乐的男子汉。日子其实很简单，只要每天做好要做的事情，体恤父母亲已经在渐渐衰老，他们在等着你的羽翼丰满、振翅高飞。不用预支烦恼和困难，只须背上行囊，带上你的武器，枕戈待旦。为自己而战，为父母而战，为亲人朋友而战，为梦想而战！我们会一直是你的啦啦队，扯着嗓子看你投篮，巴掌拍红看你扣杀，还有准备好一大堆好吃的翘首等你回来……加油，小伙子！等着你凯旋！

祝精神饱满，一切顺利！

关心你的梁老师
2011 年 10 月 24 日

我和宇翔的信

宇翔：

你好！

我是梁老师，实在很不好意思。很久前就想给你写信，琐事困扰，一直拖到了今天，耽误了你不少工作，跟你说声抱歉了。

11月份，我把你的设想告诉了同事们。很多老师都疲于平时备课、看作业、学困生辅导，苦于应付各个阶层的检查，真正把教学当作快乐的老师并不多。我把对象锁定了那些年轻的、有思想的、乐意去做这件事的老师。他们给了我很多好意见，建议编写脚本的时候附上教材，建议先把某一学科的某一册的系统做出来，建议修改他人已经做好的成品，建议做一个资源库……

昨天，刚刚结束"教学能手"赛课，给了我不少启发。参加比赛的老师在准备的时候，常常来不及做课件，课件的交互性、音乐、图片都很粗糙。如果平常能把这些积攒起来，赛前只是做一些小调整，老师们应该从容得多。

我想，自己是教语文的，语文教研组都是些爱语文教学的朋友。我想我们会从语文着手，慢慢向其他学科辐射开来。苏教版的教材在全国应用很广，也有一些好的网站，搜罗了不少好课件供大家免费使用，你可以把那些囊为己有，趁我们整理的工夫，你也给自己攒些家底儿。

祝一切好！

梁老师

梁老师：

您好！

很高兴能收到您的邮件，您的意见和建议我已经和同学们共同学习、分享交流了一下，大家从中得到了不少的启发，都很感谢您的指导和支持！

我们负责这个活动的社团是浙江大学学生心系西部协会，是受浙江大学中国西部发展研究院直接领导的公益性学生组织，本次活动的组织者以及我们征召来制作课件的志愿者都是怀着为公益事业奉献自己一份力量愿望投入到活动中来的，希望能为西部教育做一点事情。之所以开展这个"园丁助手"活动，也是考虑到课件制作确实是浙大同学比较熟悉的一个工作，而咱们西部老师在教学、赛教中也需要用到。尽我们的一点力，还是可以为老师做出效果更好一些的课件的，而且也可以让老师有更多的时间投入到其他地方，而不是消耗在课件制作过程中。

　　还有一点，我们是依据老师自己的设想来"量身定制"他们自己个性化的原创课件，可以更符合老师自己的教学思路和教学设计，这也是我们所追求的。

　　再次感谢您的指导和建议！

　　祝您：身体健康，平安幸福！

浙江大学中国西部发展研究院学生心系西部协会　李宇翔

2010 年 12 月 2 日

从段林希说到李宇翔

以前对"快男、超女"这类娱乐节目总是嗤之以鼻，对李宇春、曾轶可"都是我的哥，我的哥"弄不清楚，为什么女孩要"酷"，男孩要"娘"？感叹，这个年轻小孩子的世界，本老人家已经看不懂了。

这个暑假，听悠然说她姑娘是"尼古丁"，也就是李斯丹妮的粉丝。因为姑娘的种种努力，她让孩子飞到了长沙，去了6进5的现场。很赞赏她的做法，引导孩子理性追星，看到光鲜背后付出的汗水。

总决赛的那场，边干家务边心不在焉地观看，也在心里衡量三个选手我更欣赏哪一个？其实那时候，名字我都叫不全，也不知道她们之前任何信息。喜欢那个蘑菇头、大眼镜、小虎牙、羞涩笑、吉他弹唱的段林希，而且预测她一定是冠军，因为另外那两人太在意结果，只有她话语不多，句句都在靶子上，只有她在享受舞台，享受用灵魂歌唱，仿佛每一首歌曲都是死前最后一首歌。所以，放下拖把，听她唱"火柴天堂"。

夺冠后，开始回过头看段林希，一个在云南保山地僻人稀中独自修行的她，空灵纯净、没有杂质。经历苦难，懂得感恩、低调诚恳，喜欢上了这个快乐女生。看她的赛程，有时候心疼，有时候震惊，有时候也希望想唱就唱。"山丹丹"惊艳、"你的就是我的"哽咽、"难道"撩拨人心弦……一个21岁的小姑娘，用歌声诠释着埋在心里的情。她能夺冠很多人质疑，可我并不奇怪。往往呼声一浪高过一浪的人，也忘了自己的初衷，只有置于死地而后生，做一件事情，已经进入无人之境，如太极的最高境界，其实没有刀剑，靠的是内力，一呼吸或者一出手就能草木皆兵。

李宇翔，就是这样一个有着林下之风的高手。他没有吉他，却一样会歌唱，唱的歌词平淡却动人；他没有光环，却用温暖包围着身边的人；他没有赛场，却一直保持着时刻比赛的状态。

暑假里，要给宇翔妈发文件，不知QQ那边是谁，就敲下几个字："你是那个漂亮小妞还是那个帅气小伙儿？"答曰："我是那个傻小子。"笑着，想起他录入浙大竺可桢院，被学校邀请"现身说法"，没有炫耀，PPT 上出现毛主席伟岸形象和一句话："一切困难都是纸老虎。"喜欢上这个幽默、阳光、低调、爱得深沉的优秀男生。和宇翔吃过一顿饭，绅士优雅，谈吐大方而得体；给宇翔写过一封信，抱歉没有给他的实践活动"园丁助手"帮上忙。直到需要在宇翔妈邮箱里找资料，看过 go home 漫醉归途的一封封家书，不禁心潮翻涌，强烈刺激了我敲击键盘的手，顾不得公然剽窃，更顾不得眼眶中翻涌的那些感动……

　　他用自己一步步忘我的努力让家人放心着担心着，放心他对学业和生活的掌控，担心他的身体；他用最最普通的家常话，劝解老娘，俨然是家里的中流砥柱，有他什么都不发愁；他用孩子的话，帮助妹妹找优点，鼓励妹妹坚守责任，锻炼身体，关心父母，指导妹妹提高修养。新年时候，会给妹妹写下："其实生活比什么都重要。我想这句话十岁时候会是一种理解，二三十岁的时候会是另一种理解，五六十岁又会是一种理解，但每种理解都是有意义的。希望你按照自己的理解，去勇敢地迎接新一年的生活，健康、平安、快乐、充实。"大学三年，他一次次蜕变，认识了大学、认识了金融，认识了自己，我是一个好人，虽然平凡。仔细阅读这些，怎么像一个二十出头的毛头小伙子？有些人可能一辈子都不明白活着，思考着，清楚认识自己，把自己的能量辐射到身边人。

　　段林希和李宇翔，一个追求着音乐的无求歌者，一个功夫于无形，貌似邻家男孩的武林高手。

沈宝儿的一年级生活

沈宝儿是沈福福同学的堂妹，在众人羡慕的重点小学读书。记得她一年级入学考试的一道数学题，愣是让我们四个大人也没整出个正确答案来，估计一年下来，孩子的水平已经远远超过其他学校的学生了。

近期，浏览了班级主页。这学校还真不是盖的，高标准、严要求、活动多，家长那叫一个"呕心沥血"！老师也真不是吹的，工作繁多而细致，甚至每一条家长反馈单都有批注和评语，学校管理真让人佩服！

很惭愧，我不知道宝儿这一年是否快乐，但我看到孩子背诵《弟子规》，听宝儿妈说每天做不完的试卷，也看到了宝儿爸付出的超过普通爸爸的时间和心思。很矛盾，有时候我也很羡慕他们拥有陕西最好的教育资源，享受陕西最前沿的教育信息，总之给孩子提供了他们能达到的最好的教育条件。可有时候依然很狭隘，常常一种"草根"和"小人物"心理，我就是个平凡普通的人，享受普通人的"小快乐"和"小幸福"就行了。

所以，我不会焦虑平台上家长之间的PK，担心自己的水平有限，不能让孩子得到老师的表扬而苦恼；我也不为能晒出一篇明明不符合一年级水平的文章而大刀阔斧，以换来老师的赞许和认可。不会老师、家长、孩子集体得病，不从容了，像揠苗助长的宋人而"芒芒然"。可能很多家长马上就有一大串理由反驳我：十年寒窗苦，宝剑锋从磨砺出，不经历风雨怎么见彩虹，小时候轻松愉快，长大可怎么办哟？竞争这么厉害的，人家都学呢，咱不这样，早都落到后面了，就这一个孩子，谁不想孩子有出息？

话是没错的，但没有发展战略眼光。举个例子：

公园里放风筝的人可真多呀！我们迫不及待地拿出各自的风筝竞相把它们送上碧空，如同繁星般把天空点缀得色彩斑斓。

那翩翩起舞的"蜻蜓"在空中飞得平稳，两对翅膀也有节奏地上下扇动，好像是在感谢小明让它可以沐浴阳光。小亮放的是样式新颖的串式风筝"小燕子"，小巧别致，形象逼真，几只小燕子以为自己的伙伴来了，互相追逐，嬉戏。我放的是龙头蜈蚣风筝，张牙舞爪，栩栩如生，让人望而生畏。

辽阔的天空像蔚蓝的海面，风筝似一只只小舟在白云的波浪中摇曳，与地面上的绿草红花交相辉映，于是，公园里的春色更浓了……"银线连四海，风筝结友谊"。我们三个好伙伴在一起真快乐呀！

怎么样？一年级学生的一篇写话练习。成语运用轻车熟路，比喻贴切形象，对仗升华立意，还去学校学什么呀？7岁的孩子，37岁的眼睛和成熟，换来老师的全班诵读，孩子的得意。今天找来新修订的课程标准，对一年级写话要求第一条："对写话有兴趣，写自己想说的话。"没做过教师的宝儿妈妈的疑惑太有价值了。

一年级写话如果能写清时间、地点、人物、简单事件已经很不错了，老师们就是让学生要有内在的驱动力，捕捉孩子心灵震撼的一瞬间，激活思维，尽情表达，乐于表达。一定会有言语不准确、标点不准确，会犯这样那样的错误，重要的是意识到即使不准确，但我愿意去表达，我不是个失败者，更不是个厌烦者。如果用成人的标准批评或者拔高，孩子就像被掐掉花蕾的果树一样，别指望未来在写作上结出丰硕的果实。

我爱"比赛"

星光大道开始年赛，除了那些"专家"良莠不齐外，还是很欣赏站在台上的民间明星们，赛程和结果也是比较公正的。我参加的比赛不算多，但也不算少。本兔子今年 36 了，基本蹦跶不动了，不由得回想起曾经参加过的那些赛事来。不少是我飞蛾般扑烂了裙子争取来的，一路从海选，到预赛，到复赛，到最后的决赛，都不知道为了啥。在这个过程中，我重复着揪心和繁杂的准备，赛场上的心跳，互动时的成就，并且乐此不疲。

2007 年参加了电视台主持人大赛，认识了杨焕亭老师，被称为无冕之王；2008 年参加了教育台主持人大赛，隐姓埋名，美美玩了一把；2010 年 5 月参加咸阳市中小学老师普通话大赛，一等奖，这个圈子咱占便宜；7 月，陕西省中小学教师普通话比赛，见识了机测；12 月参加全国语文课堂教学大赛，终于干了一回自家自留地的事，因为有前面垫底，所以拿了特等奖，着实兴奋了一阵子。也渐渐练就出一种在自己擅长的领域"嚣张"的气势，朋友送绰号姓"人"名"来风"。一次比赛中，在公布名次的过场，主持人让选手们一人一分钟的参赛感言。当小姑娘、帅小伙儿或者煽情，或者恶搞，或者

感激，或者说梦想的时候，记得我当时临场编的词儿："有人问我，参加这个比赛，有奖金吗？没有。电视台有工作机会吗？没有。评职称有用吗？没有。那为什么耗精力花工夫呢？让我这个非专业的、稍稍有点胖，还有些老的选手告诉您，岁月使我容颜衰老，激情让我青春永驻！"

　　因为比赛，我讲过"男人、女人、老人"的故事，表演过"歌星百态"，用方言和普通话混搭讲过陕西的名片，练过不止 10 种以上的自我介绍。这些都没有白瞎，让我在课堂上和合适的场合神采飞扬，与众不同。朋友说，你好像总是在准备着，没准儿什么时候就用上了吧？我看，说得有道理。俺娘在我很小的时候就阐述了这个哲理，拾到篮篮里都是菜么。

全国苏教版阅读大赛后的品味

1. 语文课堂就应当如《桂花雨》，美美的，香香的，课堂上有着一场场的"摇花乐"；课堂上的孩子应该如《我和祖父的园子》，像黄瓜，像玉米，像蝴蝶，要多自由有多自由，要多开心有多开心。

2. 老师是平等中的首席。就像《望月》，一起读着读着，就唤醒了诗，唤醒了想象，读着读着，一切都变得晶莹透亮了。

3. 老师应该有谈迁的严谨，一字一音当较真儿，学习季羡林的笔耕不辍。

4. 课堂上应该看到的是聚精会神地倾听，畅所欲言地交流，津津有味地品读，端庄秀丽的书写，行云流水的习作，他们是主动的、积极的、快乐的。

5. 老师素养再高，也要用学生来说话。似有若无，该站出来时候就不含糊，该隐退的时候不纠缠。

6. 老师不能带一把镐头，深挖，深挖，非得谈出点深意来，即使没什么可挖了，也得扔两堆土来。例如《渔歌子》，安排在第二学期春天的时候，前一篇《如梦令》，都是讲词人的愉快，非得挖出个"厌恶官场，斜风细雨不须归"，就沉重了。我也不知道这条对否，我也从不迷信权威，这条权作讨论吧。

7. 因为时间、学生限制，很多选手都是心里想着教学流程，已经不关注学生的状态了，或者学生状态不在自己预想之内，这其实是大忌。要上到"人课合一"，还得练就深厚的内功啊。

8. 一条点评：上课老师很有才华，出口成章、妙语如珠。但是在强势面前，学生弱了，拘谨了，胆怯了。"且须归"与"何须归"是这节课的亮点。孩子们终于进入状态了，张松龄的《和答弟志和渔父歌》功不可没。这里的拓展是相当成功的，两首词的对比，比出了"狂风浪急"和"斜风细雨"，比出了"且须归"和"何须归"，孩子们的情感随着老师的引领愈加高涨，一声声"斜风细雨不须归"之中他们体会到了张志和淡泊宁静、热爱生活的内心世界。

第五卷
爱，只因为有你

　　孩子们的写作是一件快乐的事，可以惊叫、欢笑、争辩、表演、沉思……他们摇身一变，手里都有一支生花的妙笔。

净澈心灵的童话

——读《小王子》有感

李若思

翻开这本净澈心灵的童话，聆听一段诉说情谊和爱的故事。这篇写给成年人的童话，是爱与责任的寓言。它的语言清新典雅，散发出独特的魅力；它的故事简单朴实，蕴含着深刻的哲学思想。

《小王子》讲述了一个来自某颗小行星的神秘小王子，因为和他那美丽、骄傲的玫瑰闹了别扭，便离开了他的星球，在各个星球之间旅行。他认识了一个霸道的国王，一个爱慕虚荣的人，一个酒鬼，一个贪婪的商人，忙碌的灯夫和地理学家。然后，他来到了地球，在地球上，他遇见了一只狐狸，小王子驯养了这只狐狸。随后，小王子结识了因飞机出现故障而降临沙漠的作者，并和作者产生了深厚的友谊。最后，小王子悄悄地离去了。

这本书中，作者特别借小王子之口赞颂了爱和友谊。小王子对生活抱着认真的态度，他勤勉地疏通火山口，拔着猴面包树的幼苗。然而他是孤独的、忧伤的。在他心情低落的时候，他会提着凳子看日落。欣赏日落时那默默含情的余晖，是他唯一的乐趣。幸运的是一朵玫瑰进入了他的生活。玫瑰有着沉静的柔情，她在谎言被揭穿后反复咳嗽，他是一朵美丽而骄傲的玫瑰花。她恋着忧伤的小王子，小王子也真诚地爱着玫瑰。然而一件小事使他们分开了，小王子离开了他的星球。

来到地球后，小王子驯养了一只狐狸。狐狸说："对我而言，你只不过是一个小男孩，就像千万个小男孩儿一样。我不需要你，你也同样用不着我。对你来说，我也不过是只狐狸，就跟其他千万只狐狸一样。然而，如果你驯养了我，我们将会彼此需要。对我而言，你是宇宙间的唯一的，我对你来说，也是世界上唯一的了。"小王子和狐狸在一起的日子里，懂得了玫瑰的独一无二，并且认为玫瑰驯服了他，他必须对玫瑰承担他的责任。狐狸告诉他，实质性的东西是用眼睛看不到的，小王子在降临地球的地方反复徘徊，并且深深地想念着他的花。在不能回去的日子里，他会望着自己的星星，他说："如果你爱上了一朵生长在一颗星星上的花，那么夜间，你看着天空就感到甜蜜快乐。所有的星星上好像都开着花。"忧伤脆弱的小王子无法忍受想念的痛苦，他以蛇的毒液结束了自己的性命，小王子以为这样就能回去。他倒在柔软的沙地上，就这样，连一点声音都没有。

小王子走了，就像卖火柴的小女孩飞向与奶奶在一起的没有寒冷、没有饥饿的世界一样，他奔向他永恒的爱。留给这世界的只是金色的麦天和一园子无关紧要的玫瑰花。而我们就像渴望被驯服的狐狸一样，对着麦田思念小王子金色的头发。因为小王子，我相信沙漠里确实藏着水井，因为小王子他听到辘轳在风中的声音，并饮了那令荒漠变得美丽的甘泉。

读《谁动了我的奶酪》有感

李奕皓

　　《谁动了我的奶酪》是心理学教授斯宾塞·约翰逊所著的一本可在工作、学习和生活中应对变化，从而有着绝妙方法的书。这本书通过简单的故事情节阐述了一些"人人心中有，个个笔下无"的人生哲理。可谓大家之作，平凡中见伟大，简单中蕴藏着耐人寻味的道理，发人深省，让人受益匪浅……

　　该书最主要也是最精华的部分讲的是一个关于"变化"的故事。在这个故事中，有四个有趣的小家伙在迷宫中寻找奶酪，分别是小老鼠"嗅嗅"和"匆匆"，小矮人"哼哼"和"唧唧"。在这里，"奶酪"是一个比喻，指的是我们生活中各种想要的东西，它可以是一份工作，一种人际关系，也可以是金钱、自由、健康，还可以是别人的认同或赏识，或许……我想还可以是一种心灵上的宁静。

　　我们每个人都对于"奶酪"有着不同的理解，我们之所以去拼命地"找奶酪"是因为我们认为它能带来幸福和快乐，如果我们得到了自己向往的"奶酪"，常常会沉迷于其中，如果我们失去它，将会遭受莫大的伤害。

　　故事中的"迷宫"代表了我们不断寻找幸福的场所。它可以是你工作的机构、居住的社区，或者大一点的话就是生活。

　　在读完"奶酪"这个故事后，我深思了许久，发现面对生活上的变化，两只小老鼠表现得比两个小矮人更加出色，因为他们的头脑十分简单，而小矮人复杂的大脑和人类的情感变得越来越复杂。但这并不是说小老鼠更聪明，因为我们都知道人类的智商比老鼠的智商高。但从另外的角度来看，人类那些过于复杂的思想和情感有可能是人们前行的绊脚石。

　　如果大家仔细观察四个角色的行为，并且会意识到小老鼠和小矮人分别代表人个性的方面——简单的一面和复杂的一面，你就会发现，当变化出现时，也许简单行事能比瞻前顾后带来更多的快乐和收益。

　　当然了，我们都能从这四个角色中找到自己的身影，有时候我会像"嗅嗅"——及时嗅出变化的预兆；或者像"匆匆"——立刻采取行动；或者像"哼哼"——担心事情变得更加糟糕而否认抵制变化；或者像"唧唧"——发现变化可以带来更好的东西后学会及时作出调整。但是有一点是可以肯定的：不管我们选择哪一个方面，都有一个共同的目标——在迷宫中寻找奶酪，从而在这个时代品位并享受变化带来的乐趣。

在其中有很多格言敲打着我的心灵："变化总是会发生，他们总会不断地拿走奶酪；预测变化；时刻做好失去奶酪的准备；密切关注变化；经常嗅一嗅奶酪，这样你才知道它是否依旧新鲜；随着奶酪的变化而变化。"并且我时刻对自己说："记住：他们总会不断地拿走奶酪！"

读完这本书后，我结合这本书感悟出了一些对自己的格言：

生活并不是笔直通畅的走廊，

让我们轻松自在地在其中探索。

生活确确实实是一座迷宫，

我们必须从中找到出路。

我们时常会陷入迷茫，在死胡同中搜寻。

但只要我们战胜心理，

就会有一扇门向我们打开。

或许并不是我们曾经想到的那一扇门，

但是我们终将会发现，

它也可以让我们走向成功。

它，对于一些人终归是一扇成功之门……

记住，"他们"总会不断地拿走你的奶酪！

草莓红了

沈天熠

又是周末，我们全家去周陵摘草莓。像无数个周末出去游玩一样普通，却因为出发时已经傍晚，而变得不普通。

到了草莓大棚，已经是黄昏了。经过游客一天的采摘，主人不好意思地表示，红的、大的已经不多了。说着，给我们一个小塑料盆，打开棚子的门让我们随处看看。放眼一望，大大小小的草莓让人无从下手，真是"地里挑瓜，挑得眼花"。一个个草莓在风中摇曳，晶莹剔透，惹人喜爱。我决定在这些草莓里，一定挑出最大的！

有了目标就好办了。可是，做起来就像苏格拉底弟子找最大的麦穗一样，我左一瞄，右一看，找来找去也没有找到称心如意的。却看到妈妈在两行草莓中"匍匐前进"，忽然，她举起一个硕大的草莓，喊道："儿子，快看！"原来，大草莓都藏在了叶子下面，很多人从它身边经过，也没有发现。我把这颗草莓捧在手心，鲜嫩欲滴。放在嘴里，柔嫩多汁，芳香味浓，真不愧是牛奶草莓。

我也在叶和花掩藏中寻找大的草莓。不禁想到，这些大的草莓，不就像我们要寻找的"果实"吗？也许就近在咫尺，可我们却不曾留意。我又想到了杨辉三角，如果宋代的数学家杨辉没有潜心研究完全平方公式，也不会比欧洲帕斯卡早发现那么多年。杨辉找到了藏在叶子下面的"大草莓"，并牢牢握在手里。

人，之所以离成功遥远，与其说条件不具备，不如说缺失在看似不可能的地里挖掘寻找。

初春

李媛

是还有寒意
没有花的洪流
没有树的葱茏
没有鸟的歌瀑
没有巷中孩子灿烂的笑声

一切挡不住春的脚步
那几朵小小的迎春花
如嘹亮号角吹奏春的舞曲
那几丛绿绿的小草
如初生的婴儿
好奇地看着这个世界
那几缕轻柔的风
如妈妈的手抚摸我们的脸庞
那农人匆忙的脚步
如收获季节的前奏

春天之所以有迷人的妖娆
因为她经过了 最后的料峭

午安，小蝴蝶

葛欣媛

虽说现在是一场秋雨一场凉，可是小区院子的牵牛花却愈开愈艳。中午，我又和朋友欣赏那些既会变色，又会变形的牵牛花。

突然，朋友喊道："看，蝴蝶！"我顺着她手指的方向看去，呀！一只袖珍蝴蝶！它正惬意地躺在一朵蓝色花蕊、紫色衣裙的牵牛花上，仿佛在晒"日光浴"。朋友蹑手蹑脚地走过去，猛地一抓，蝴蝶就落在了她的手中。

那小蝴蝶从睡梦中"惊醒"了，不停地扑腾着翅膀，不知发生了什么事情。过了一会儿，见我们没有伤害它的意思，便逐渐安静下来。早听说，每一只蝴蝶的花纹都是独一无二的，我不禁仔细打量起来：这只小蝴蝶的翅膀是米黄色，内侧有一圈一圈圆形的图案，既像大树的年轮，又像湖水的涟漪；透明的触角，在阳光下一闪一闪的；黑白相间的六只小腿一抖一抖的；大眼睛一眨一眨的，仿佛在说："你们是谁呀？"

不一会儿，小蝴蝶扇动起它轻纱般的翅膀，更美了。深蓝色的翅翼，隐隐约约有一道道白色的"闪电"。它有着娇艳如花的容颜，有着轻盈柔曼的舞姿，有着临风微颤的触须，更有着悠闲舒适的"花床"。当我们聚精会神，一心欣赏它的时候，它却飞了起来，又落在牵牛花上，慢慢地合上翅膀，躺在花心。它又睡着了……

午安，美丽的小蝴蝶……

【梁老师感言】

是你，让小蝴蝶翩然飞到了"纸"上；是你，让小蝴蝶"躺"在清新优美的文字里。世间本不缺少美，只是缺少发现美的眼睛。午安，美丽的小蝴蝶，加油！亲爱的小作者！

咱班的"明星"小张

张子欣

他，一张瓜子脸，两颗大板牙活像兔子。他姓张，与一位女歌星同名，因此，班里不少人嘲笑他："哈哈，你还是个名人儿呢！"他总是不以为然地说："那又咋！我妹还叫范冰冰呢！"可见，他不是一般的幽默。

一次语文课，我们模仿《开心辞典》栏目，活动名字叫"我们也当王小丫"。有一名同学扮演王小丫，另一个则是选手。第一轮老师扮演王小丫，彭景当选手。"请1号选手上场！"彭景有些害羞，慢慢地走上讲台，轻松答对了问题。几轮过后，耿少博当王小丫，轮到小张出场当选手。

"请选手上场！请看题板，这是一道选择题……这道名菜，我们要好好（　）。A、品位 B、品味，请选择。""我选A！"小张胸有成竹地说。"你确定吗？""确定！"全班人都知道他说错了，因为老师故意把那两个答案写反了，小张连题板看都不看就选了A。"王小丫"追问道："你真的确定？"只见小张一脸自信，摆出刘德华的手势，"相信我！没错的！"小张的这句话刚一落音，就掀起了一阵阵笑声浪潮。"那好，恭喜你，"小张好像侧耳在听掌声，"答错了！"哈哈哈！同学们都为他鼓掌，并不是因为他答错，而是因为他的幽默风趣，连老师也笑得拍着他肩膀，直竖大拇指。

除了幽默，大家最佩服的还是他背诵古诗词的速度。

每天清晨，老师在黑板上写一首古诗词，让我们背诵。小张总是全班第一个背熟的，连李白的《将进酒》都一口气背下来了，大家啧啧称赞，竟不知道他什么时候下的功夫，有机会我一定对他说："久仰了，张兄！敬仰了，张兄！"

他，就是咱班小张，绝不是张韶涵，而是张少涵。

【梁老师感言】

此张少涵非彼张韶涵，一样具有明星气质，一样有"粉丝"，不一样的他还有超人的记忆力。幽默的不仅仅是咱班"明星小张"，还有咱班的小作家！

百变老爸

王梦哲

　　我的老爸是一个普通的不能再普通的人，他和妈妈经营着一家打字复印小店，靠着勤劳和诚实养活着我和弟弟。他中等个子，不太大的眼睛总闪烁着智慧的光，脸上时常带着灿烂的微笑，看起来精、气、神十足。在我的心里，他一点儿也不简单，因为他是个百变老爸哟！

会幻想的爸爸

　　有一次，史老师要求我们发挥想象力，写一篇科幻小童话，我绞尽脑汁，依然徒劳无功。于是，只能打电话求助爸爸，爸爸不假思索地说："你不是看过长江七号吗？可以试想一下'黄河八号'嘛，写'黄河八号'来到地球，净化空气，给动物看病，造福人类等……"我半信半疑，好像符合要求，好像有些重复，于是去请妈妈定夺，想不到，妈妈听了爸爸的说法后捧腹大笑："哈哈，这个点子真有意思！你爸太有才了！"我也跟着傻笑起来……

严肃的爸爸

　　秋高气爽，我们去咸阳湖畔玩。我一高兴起来就忘乎所以，随手扔掉零食包装袋，爸爸狠狠瞪了我一眼，捡起垃圾拿在手里。我不以为然地说："老爸，既然有清洁工人打扫，没必要吧！"爸爸严厉地说："正因为清洁工人打扫才这么做，他们那么辛苦，你就这样把垃圾扔了，对得起他们的劳动成果吗？如果大家都是你扔一个，他扔一个，就是成千上万个清洁工人也扫不完呀，咸阳湖畔得多脏呀！"我听了脸"刷"的红了，赶紧抢过爸爸手里的包装袋扔进了垃圾筒。

有童心的爸爸

　　爸爸五音不全，可是爱唱歌。一次饭后，爸爸金鸡独立，双臂做着飞翔的动作，唱起了意大利歌曲《我的太阳》："啊！多么辉煌，多么灿烂的太阳……"我捂住耳朵，大声制止爸爸："老爸，你就别献丑了，难听死了！"弟弟也去凑热闹，和爸爸一起手舞足蹈，两人一大一小，一唱一和，家里顿时沉浸在一片笑海中……

当然，爸爸有一个缺点，爱上网，工作之余上网写博客、看新闻，这时候的他最安静，但这个小缺点，掩盖不了爸爸的魅力。怎么样？这就是我的百变老爸！

【梁老师感言】

百变老爸普通而不简单，文章简洁而质朴。虽然没有跌宕起伏的华丽铺排，没有煽情的话语，但是能看到字里行间透出的对爸爸的爱，还有一家四口的其乐融融。

赏菊 品菊 话菊

鱼淼

碧云天，黄叶地。瑟瑟的秋风把凉意吹进了古城大街小巷，也让千万朵菊花怒放在咸阳。秋日里，浓雾中，阴雨下，一朵朵、一簇簇竞相开放，尽情展现菊花的美丽。菊花不同于别的花，梨花太"素"了，牡丹太"贵"了，桃花太"艳"了，而菊花生来就有一种"刚劲"的美。

广场上，数不清的菊花多彩多姿，姹紫嫣红。有的像晨光一样金黄，有的像夕阳一样暗红，有的像帅旗一样红底黄面，有的像姑娘一样绿衣红裳。有如同夜空烟花的"经典黄菊花"，有如同龙须一样的"白万胜"，还有如同利剑一样的"冲天菊"，一朵有一朵的姿态，一朵有一朵的不同。

你瞧这朵"飞龙腾云"，有我的一个手掌那么大，丝丝花瓣像龙尾绽开，又像一泻千里的九天银河，没有展开的花瓣紧紧抱在一起，几滴小露珠在"龙尾银河"嬉戏，各得其乐，相得益彰。

那朵"飞鸟醉美人"更是奇特，花瓣就像火锅里的金针菇，花蕊卷曲的像婀娜多姿的舞者，也像是海边一阵阵凝固的浪花。还有罕见的"绿菊"，可是花中极品。花心儿宛如葵花籽儿一样整齐排列，而花心下面的花托更像是绿菊花的锦衣卫。

无论是哪一朵，都有"此花开罢更无花"的气质，无论哪一朵花，都有"还来就菊花"的优雅，无论哪一朵花，都有"满城尽带黄金甲"的气势，无论哪一朵花，都有让"咸阳黄花分外香"的悠然。

我喜欢菊花，喜欢这秋日里缤纷的花海！

【梁老师感言】

"颜色美、姿态美、种类多、气质佳"构成了菊花独特的风姿绰约，缤纷花海，香满咸阳。在这篇文章中，我们看到了菊花的多姿多彩，刚劲有力；也看到了小作者独特的视角，不同的感受。爱菊者，岂能是"陶后鲜有闻"？菊，咸阳人，人人赏之、品之、话之。

拥抱腾格里

沈天熠

一说到沙漠，人们自然会想到大诗人王维的诗句——"大漠孤烟直，长河落日圆。"眼前可能立刻呈现出一个浩瀚无垠、寂静的沙漠世界，然而当你跟着我经历沙漠之旅后，一定会感到那儿不再是悲凉的寂寞，而是热烈的欢乐……

在这个国庆黄金周，我们一家人前往"自古黄河富宁夏"的银川旅游。宁夏是一片神奇的土地，北有爱国英雄岳飞书写的"驾长车，踏破贺兰山缺"，南有毛主席笔下"天高云淡，望断南飞雁"的六盘山，沙与河这对本不相融的矛盾体，在沙坡头却被大自然鬼斧神工地撮合在一起，相依相偎，和谐共处。沙、山、河交相荟萃，似抒情诗，如风情画，共同谱写了一曲大自然瑰丽的交响曲。

沙坡头在腾格里的边缘，当茫茫沙海如怒狮般席卷而至时，却在黄河边突然顿足，像个坏脾气的孩子，被温柔的河水驯服了，乖乖地伏在岸边，形成了一个宽约2000米、高200米、倾斜60度的大坡，由此得名沙坡头。一望无际连绵起伏的金色沙山，像一双无形的手牵着你走进浩瀚如烟的沙漠。沙坡头之美，就美在她是"麦草方格上的绿洲"，加之三五成队的驼群，缓缓行走，静与动相得益彰。

来到这里，一定要骑一骑沙漠之舟——骆驼，它们总是默默地、毫无怨言地一步一步行走，慢慢走，总会到的。起初，骆驼跪在沙地上，当人们骑上坐稳时，它的前腿一下子站起来，好像要把人从前方颠出去一般，渐渐地，就越来越平稳了。游客们还可以拿出相机、手机、摄像机，悠然地拍摄落日、黄河、沙海、驼群……当登上了坡头，骆驼又温顺地跪下，我摸摸它的头，表示谢意；它也看看我，好像道别。

接下来，就可以在高高的沙丘上滑沙了。我怀着忐忑的心情，紧紧抓着扶手，坐在沙漠小车上，风"呼呼"地从我耳旁驶过，沙"哗哗"地在我两

侧翻动，我望着滚滚黄河两侧惊叫的人群，偶尔经过的骆驼和马儿，心里好不得意。眼看就要到终点了，我拉起刹车，想多停留一会儿，不料想，意外发生了，由于前面速度过快，突然刹车导致翻车，吃了一嘴沙子，真是全方位体验了沙漠。再回头看看滑沙场，悬如飞瀑，人从天降。常见胆小的游客只敢慢慢挪动，龟速得令人忍俊不禁，也有胆大的，放开制动柄，从高处一泻而下，连呼过瘾。

夕阳西下，我们徜徉于茫茫沙海，脚踩着温暖细腻的沙粒，抚摸着柔软卷曲的驼毛，观赏着黄河上漂流的羊皮筏子，我们不仅领悟了自然的神奇，也深深感到了腾格里的生生不息、黄河的源远流长。常言道"五岳归来不看山，黄山归来不看岳"，而这次沙漠之旅，让我想说——拥抱腾格里，宁夏归来不看沙。

【梁老师感言】

初次阅读，和你一起流连于"大漠沙如雪"，和你一起聆听悠远的驼铃，观赏黄河上的羊皮筏子，体验滑沙速降的惊险，沙漠不再是孤寂和长刀所向，现在是一片欢乐和赞美。

再次阅读，感叹诗词贴切，景美与人乐和谐共处，词句干净而明快，情意真实而动容。

掩卷，耳边依然荡漾着"塞上江南"的沙坡鸣钟……

大声说出"我爱你"

昨晚作业，大声对父母亲说"我爱你"，爱是需要表达的，虽然我们习惯于爱在心间不开口。今天晨读反馈，家长们反映各不相同，也可窥见亲子关系以及父母性格迥异，最重要的是："我说了，我表达了，爸爸妈妈我爱你！"

白雨婷：昨天，妈妈很晚才从集市回来，我一见妈妈，就扑上去说："妈妈，我爱你！"我妈先是愣了，然后板起脸来狠狠地说："说！你又犯什么错误了！"

耿少博：昨天回家，妈妈上夜班，爸爸在做饭，我站在爸爸身后轻轻说："爸，我爱你！"爸爸回头看了我一眼，没说话，只"嗯"了一声，可我发现他把盐给菜里放了两次。

田芝琪：昨天，我对正在忙碌的妈妈说："妈妈，我爱你！"我妈笑着说："我不爱你！"我们俩笑成了一团。

余蓉茜：昨天，我郑重地看着妈妈说："我爱你！"我妈笑了，可眼里闪着泪花儿。

张文倩：昨天妈妈没在家，我给妈妈打电话，找了很多理由，也不好意思说"我爱你"，后来鼓起勇气，"妈妈！我——我——我想吃鱼。"妈妈买回了鱼，做好后，我悄悄说："妈妈，我爱你！"我妈抚摸我的头，什么也没说。

梁老师：我曾经在海南的天涯海角打电话给爸爸，也是不痛不痒说了半天，爸爸叮嘱我看好孩子，别浪费电话费了，在挂电话之前，我终于说："我爱你们到天涯海角。"那边没有声音，可我早已忍不住了眼泪。

老狼

　　大森林里住着一只老狼，他已经好久没有吃上一顿美餐了。"要是现在这会儿跑来一只兔子那该多好啊！"他对自己说。

　　"妈妈！妈妈！"就在这时候，门外传来一个甜蜜蜜的声音。

　　"哈！我的美味大餐来啦！"老狼一蹦而起，冲到门外。

　　哦哟，一只香喷喷、嫩汪汪的小白兔！老狼刚想扑过去……

　　小兔子回过身看见他，高兴地说："大个子叔叔，你好，你知道我妈妈在哪里吗？"

　　"嗯……我当然知道了，我带你去找她吧！"其实呀，老狼想把小兔子引进森林里吃掉。

　　老狼馋得直伸舌头，小兔子看见了说："大个子叔叔，你渴了吧？快蹲下来，我给你点水。"

　　他们继续走呀走呀……

　　"大叔，你热了吧？快坐下来，我给你擦擦汗。"小兔子又说。

　　他们继续走呀走呀……

　　"大叔，我的手好酸，你能帮我拎一下水壶吗？"小兔子问。老狼只好接过她的水壶。

　　"你真好！"小兔子亲热地拉起了他的手。

　　他们继续走呀走呀……

　　"大叔，我的腿好酸，你能抱抱我吗？"

　　老狼只好抱起了小兔子，哟，小兔子的身体多柔软啊，老狼生怕弄疼了她。

　　"你真好！"小兔子啵啵亲起了老狼的脸。老狼的脸一下子红了，他拐了弯抱着小兔子走出了森林……小兔子指着远处叫起来："我看见妈妈啦！再见！大叔。"

　　我真是世界上最倒霉的老狼了，老狼想，为什么世界上最可爱的兔子偏偏被我撞上了呢？

"阅读 分享 交流"读书沙龙

读书需要思考，懂得思考的读书人才会闪现思想的光芒。读书需要交流，交流可以分享智慧、增长见识，让彼此闻到智慧碰撞的芬芳。为品味文字、碰撞心灵，分享读书的乐趣，我们四个家庭开办读书沙龙活动。

参与者：豆豆、福福、王哲、张衡

活动时间：每月月末，首次定于 9 月 30 日左右晚间

活动地点：四家轮流做东道主，首次沙龙主人为梁老师。

活动内容：

1.声律启蒙（一东、二冬），古诗词四首。

2.读书笔记五篇。

3.交流读书心得。

推荐书目：

《窗边的小豆豆》《伊索寓言》《鲁宾逊漂流记》《水浒传》

活动流程：

一、沙龙两位主持人（每次更换）开场白：我们的读书沙龙开张啦！

二、我声飞扬：接龙背诵古诗词和国学经典。

三、我读书的那些事儿：交流书中印象深刻的地方、读书过程中的心得收获、读书的方法和时间安排、我对书中的个性认识，等等。

四、不动笔墨不读书：展示读书笔记，评选每次读书笔记的优胜者。

五、书韵留香，你我共赏。由沙龙主人总结、推荐新书，与下月主人交接。

活动要求：

1. 活动前，自由安排时间背诵、阅读、记录读书笔记，必须准备充足，人人有话说，发言5分钟左右。

2. 沙龙主人负责茶水、甜点、拍摄等相关服务工作。

3. 每次活动给予每个人不同的奖励。

希望经过我们家庭的努力，让孩子们爱上读书、乐于交流，大方表达，共同分享童年时光。

九月读书沙龙实录

筹备了近一月的"家庭读书沙龙"今晚终于新鲜出炉，并且在愉快、轻松、和谐的氛围中结束了。特别鸣谢提供场地、专业摄影、水果茶水甜点等后勤服务的衡妈妈，特别感谢专业评审曹老师，更要感谢以极大热情、极充分准备参加，发挥极佳的四位参与者。

之前，作为家长，我们并没有期待会有多么精彩的情节，只希望孩子们在一起玩玩儿、聊聊，认识认识，没想到，整个读书会完整而跌宕起伏。这是孩子们的平台，他们之间互相欣赏、互相影响、互相提出意见，把每个人的潜能都发挥出来了。每个孩子都有自己的鲜明的特点。

豆豆：《观沧海》气度非凡，而且扬言，跟着同学读，都降低她的水平了；《夜雨寄北》一唱一和，真是耳朵享受呀；最后总结时，好比领导，站的高度挺高。张衡一个劲儿说，这姑娘哪像五年级的？

王哲：安静而内敛，《窗边的小豆豆》厕所掏钱包的事，讲得如临其境；《匆匆》背诵得有板有眼；最后总结时，用老百姓的话说真情实感，让听众感动不已。"我吃好了，玩好了，也和大家熟悉了，豆豆知道那么多，我要向她学习。"

张衡：从支支吾吾到清楚流利，从不大好意思到放松自如，《矛与盾》读出了文言文的味道，《宋江之死》细节讲得清楚。最后主动要求认真写读书笔记，大大出乎我们所有的人意料。

福福：大方幽默，主持角色尽职发挥，还兼带打扫卫生、递送茶水，悠悠球表演诠释了成语"拳不离手、曲不离口"，《荒野的呼唤》被曹老师称之为语言干净，最后一直舍不得大家走。

我也一样，舍不得大家走，兴奋着，在这里记录。知道我们的沙龙名字吗？呵呵，"横折豆腐"，猜得到原因吗？

十月读书沙龙实录

时间：2011 年 10 月 28 日晚 19:00-22:30

地点：上岛咖啡

会员：五个孩子——张衡、王哲、豆豆、福福、鸣鸣，五个妈妈

摄影师兼后期制作：衡妈

观摩评审团：豆妈、福妈、哲妈、鸣妈

第一幕　我声飞扬

豆豆：各位妈妈、各位朋友，大家晚上好！"衡哲豆福"十月读书沙龙现在开始！

福福：开始前，向大家介绍一位新朋友——鸣鸣，希望老会员能多多帮助新会员排除困难。（鸣鸣自我介绍）

豆豆：现在按照惯例，我们首先进行沙龙第一关——我声飞扬，背诵笠翁对韵。

福豆：我背，我背，我背背背！

福福：请大家抽签决定背诵"一东、二冬、三江、四支、五微"顺序。

张衡：（微闭双眼、嘴里念念有词"千万别抽第一个"）：啊？真是第一个啊！（大家笑）

张衡：背诵"一东"。（热烈掌声）豆有感情背诵二东，鸣鸣背诵三江，福福背诵四支，王哲背诵五微。（每人得到笑脸徽章一枚）

豆豆：这些对韵不仅要会背诵，还要会应用，才了不起呢。

福福：对，我们现在就来个活学活用，张衡请听第一题：这些对韵里有哪些典故？说两个以上。

张衡：我知道"陈平能解白登危"，讲的是刘邦困在白登这个地方，是陈平用计策缓解了燃眉之急；"跨凤登台，潇洒仙姬秦弄玉"，讲的是弄玉吹箫的故事，我们咸阳北门口也有这个雕塑，和这句相对的是"斩蛇当道英雄，天子汉刘邦"，一个豪气，一个柔美，这是对子的意境。

（掌声，得到笑脸徽章一枚）

豆豆：我抽到的题目是：找出这些诗句中对仗的词语。

三万里对五千仞，是数字对，河对山，东入海对上摩天。

春蚕对蜡炬，到死对成灰，丝方尽对泪始干。

（豆妈爆料，学习《在大海中永生中》时，豆认为"骨灰撒大海，鲜花送伟人"对得好，已经开始评价文本了。）

福福：鸣鸣抽到的题目是：这些对子中包含哪些诗句？可以请求援助。

豆豆：李清照《如梦令》，"知否知否，应是绿肥红瘦。"

王哲：李太白《月下独酌》，"花间一壶酒，独酌无相亲。举杯邀明月，对影成三人。"

豆妈：这是老师没教过的课外积累，奖励红心一颗。

福妈：下面这道题有难度了，"荔枝依旧年年红，对对子。"

（娃们个个苦思冥想，古人捻断胡须得句，原来是如此这般。）

张衡：我们俩商量后得出：松柏仍然季季翠，荔枝依旧年年红，如何？（掌声认可）

豆豆：水果对水果吧，我来个：西瓜还是夏夏绿，荔枝依旧年年红，怎么样？（更热烈掌声）

衡妈：快看照片，把娃们愁的，哈哈哈！

王哲：老师，"红"可以对"香"吗？可以的话，我就来：荔枝依旧年年红，黄橙也是夜夜香。（妈妈们惊叹，娃们真了不起）

豆豆：下面进行配乐朗诵古诗，请听福福《望岳》。

（配古筝曲《沧海一声笑》朗诵，气势恢宏。）

福福：有请张衡朗诵《学弈》、王哲朗诵《饮酒》

鸣鸣朗诵了诗题最长的"杨花落尽子规啼，我寄愁心与明月，伴君直到夜郎西。"

第二幕　我讲读书中的故事

豆豆：稍事休息后，下面进行第二关——我讲读书中的故事。

福豆：我说，我说，我说说说！

福福：先请张衡给大家讲《荒野的呼唤》。

长达十分钟的复述小说，期间数字精准、情节详细，尤其是巴克被打的一段，声情并茂，并一寸一寸向梁老师靠近，眼神只和梁老师交流，看到老师或者蹙眉，或者微笑，或者侧耳，越讲越没完没了，让另外四个人感受到了空前的压力。

福福：张衡讲的荒野的呼唤，让我们认识了一个有着狼血统的狗，在一次次变更主人和淘金风暴中变成一只狼的故事，听完后让人身临其境。下面有请豆豆讲讲《伊索寓言》。

豆豆：讲《老鼠嫁女》和《北风的故事》。

（豆妈再次爆料，原本只讲一个故事，告诉人们要有自知之明，听张衡讲的那么长，自己又发挥了一个。）

王哲：我来讲讲《鲁滨逊漂流记》中的一段。

（王哲讲述过程中，哲妈两次忍俊不禁，一笑王哲说话中角色重复，二

笑孩子说了这么有趣的故事。）

福福：看到大家都说得这么流畅，我想可能我准备得不够充分，请大家多多原谅。我给大家推荐一本书——《爱丽丝漫游奇境》。

（福妈和豆妈咬耳朵）：总想着自己是最优秀的，看到别人比他强了，还有些怯场了。

（豆妈回应）：他们互相较劲儿，也是个好事情，咱们引导他们合作竞争就好。

结果：张衡得"最长故事徽章"，豆豆得"最有意思故事徽章"，王哲得"名著导读徽章"，福福得"好书推荐徽章"，鸣鸣得"最佳勇气徽章"，一时间，皆大欢喜。

第三幕　交流读书笔记

布置交流现场，会员们互相欣赏，互提意见。

福妈：你们每个人推举一名徽章得主吧。

鸣鸣：我认为福福应该得到这枚徽章，因为他写的篇目最多，而且每一篇都很认真，值得我学习。

豆豆：我认为王哲应该得到一枚徽章，因为上次我提出的意见，她都接受了，而且写得越来越好！我觉得她当之无愧。

福福：我认为豆豆应该得到，因为她把对《轰隆隆老师》的独特感受写出来了，写得很具体。

王哲：我觉得应该将徽章给鸣鸣，因为她第一次写，应该鼓励。

张衡：这个福福呀，那天我们俩写的一样多，什么时候偷偷超过我了，不够意思。

福妈：大家互相鼓励，我们还有奖金发给大家，10月份，三人作品发表，每人领取奖金！

（豆妈发奖金，三个人喜笑颜开，另外两人暗下决心了，不信？请听最后的肺腑之言）

张衡：我这次没有拿到奖金，一定努力下次得到！

福福：谦虚是我最需要的武器。

豆豆：大家一起看书，我很开心。

我们是一年级的娃娃

我们是一年级的娃娃
每天在这个校园学习、玩耍
晨光里有我们的书声朗朗
夕阳中有我们的身姿挺拔
这里就是我们另外的一个家
同学像兄弟姐妹
老师就像爱我们的爸爸妈妈

听哥哥姐姐们说
过去，我们的家很简陋
抬头能看见顶上的砖瓦
不知多少人
用汗水泪水才凝结成心中的大厦

也许
我们的学校很简单
可充满了一句句开心的话
也许
我们的学校很普通
可盛开着一朵朵快乐的花

过去扔纸片的小手变成了环保小卫士
过去粘着黄土的小脸变成了干净娃娃
过去淘气的小猴子变成了守纪律的棒孩子
过去懵懂不知的孩子现在个个顶呱呱

感谢您亲爱的老师

您领着我们走出了坑坑洼洼

感谢您亲爱的老师

您教会了用真善美把"人"字写得很大很大

附 录

"阅读进校园"走进咸阳渭城八方小学

"茅檐低小，溪上青青草……"10月20日，咸阳市八方小学录播教室里来自陕西省小学语文梁荣名师工作室的成员郭春霞老师正在执教《清平乐村居》。此次活动，是该工作室"阅读进校园"继咸阳师院附小后的又一次听评课活动，梁荣工作室核心成员以及咸阳市八方小学全体成员参加了此次活动。

活动伊始，八方小学杨改妮副校长致欢迎辞，介绍活动议程。接着，空压学校郭春霞老师与五年级（3）班同学开始了轻松愉快的互动，从古诗到宋词，自然引入了新的文学形式。课堂中层层推进，从读准到读懂到读出意境直至读出词人的内心世界。郭老师并没有简单停留在词的表面，通过对辛弃疾的生平介绍、补充《破阵子》，让听者在喜忧参半中深刻地解读教材。课堂尾声的吟唱环节将课堂推向高潮，令人意犹未尽。

梁荣老师用"真实、朴实、扎实、厚实"高度评价了本节课，表示欣赏学生在课堂上的宁静、思绪的热烈。面对学生短暂的沉默，等待会让老师收获更多的生成。她期望小学语文老师都有传承古典诗文的情怀，让学生在古诗文中领略到海之壮阔、山之巍峨……精彩的授课和点评赢得了所有听课者的热烈掌声。

"阅读进校园"走进咸阳秦都区安村小学

10月28日,陕西省小学语文梁荣工作室的专题活动"阅读进校园"来到了咸阳秦都区安村小学,工作室课题的行政负责人吉钦利校长、课题主持人梁荣与安村小学全体教师就如何进行微课题选题做了深入的研讨。

首先,安村小学校长助理康艳玲老师致欢迎词,表达了该校"起航"教师研修论坛的迫切心情。接着,梁荣老师就教师专业成长做了深入浅出的报告。在报告中,她从空压学校近两年陕西省教学能手评赛的磨课说起,每一位年轻教师的成长都付出了艰辛的努力,但又快乐而幸福。只有消除职业的倦怠感,不埋怨,不抱怨,才能在思考实践中逐步强大。梁老师以"能手工作站"和"学科带头人工作坊"课题题目为例,指导了在微课题研究中,如何选题才能有成效。她接地气的语言和风趣的对话,让听者时而点头,时而微笑,时而沉思。最后,吉钦利校长激励老师们从一点点的教学反思开始积累,创造一个研讨的氛围,并预祝两所学校的教师都能在校本研修中迅速成长起来,组织起一支积极向上、勤于思考的教师队伍。会后,安村小学科研主任和工作室成员交流了课题研讨近况,很多老师都希望能和工作室成员常来常往,得到更多阅读方面的影响。

此次活动,旨在将小学语文梁荣工作室课题《培养第二、三学段学生阅读素养的实验研究》的实践中取得的一些经验推广,鼓励更多的一线教师有情怀、有学识、会思考、会整理,参与到校本研修中,在微课题研究中人人想参与、人人有实践、人人能成长。

"阅读进校园"走进咸阳210学校

陕西省小学语文梁荣工作室自2015年9月正式成立后,这支团队就以"专业引领、同伴互助、交流研讨、共同发展"为宗旨,努力将工作室建设成"研究的平台、成长的阶梯、辐射的中心、师生的益友"。该团队"阅读进校园"活动先后走进了延安、铜川、韩城、长武、秦都、渭城等近30所学校。3月17日下午,咸阳210学校迎来了该工作室2016年春天里第一场研讨活动。

伴着杨柳风,和着杏花雨。空压学校徐茜老师执教的《绝句》流淌在三年级(2)班的教室里,她亲切的问候、甜美的话语与学生零距离对话。师生穿越千年,与杜甫一起在草堂的窗前,听黄鹂啼叫,赏千年积雪,看白鹭振翅,观万里泊船。在"有静有动、有声有色、有远有近"的层次中学生读准了、读懂了、读出意境了、读进内心了。听者无不为学生喝彩,同时被授课教师的古诗素养折服。

《望庐山瀑布》是李白浪漫主义诗风的代表作。210学校龚攀老师从"瀑"字入手,从字的音、形、义剖析,再落实写法,可谓一举数得。在精美的瀑布视频中、感染学生的朗读中、古今对照的描写中,学生们对诗意谈出独到的见解,充分体现了"生本课堂"。

在评课环节中,来自咸阳师院附小的省级教学能手杨敏老师对两节课做了准确而诚恳的点评。她对两节课行云流水的过程表示赞叹,同时又提出古诗教学中需要等待;210的王昭老师从不同的角度,领略两节课的匠心独运。工作室主持人梁荣老师首先肯定了两位老师在准备研讨课时下功夫、肯学习,她坚信与众不同的背后是无比寂寞的勤奋。然后,梁老师鼓励青年教师千锤百炼,虚心请教,工作室将是大家成长的"加速器""催化剂",从合格到优秀到卓越需要一个磨砺蜕变的过程。最后,关于青年教师成长,梁老师指出"在课堂中成长、在阅读中成长、在写作中成长"。

无尘淡淡香

　　评课结束后，工作室行政主持人吉钦利校长用热情洋溢的话语，期待工作室在服务于本学校的同时，更能服务于周边的兄弟学校，进而带动一大批的教师成长，最终让更多的学生受益。

　　在 210 的诗词长廊外，留下了小语梁荣工作室又一次"阅读进校园"的忙碌而愉快的身影。

"阅读进校园"走进咸阳茂陵学校

冒着严寒，顶着风雨，11月6日下午，陕西省小学语文梁荣工作室成员一行5人来到了咸阳市茂陵学校，与学校35名教师、400多名学生进行了"阅读进校园"研讨活动，工作室成员朱雯文与该校朱阿娣、袁娜和胡香香三位老师进行了课程交流和切磋。

该校成新党副校长主持了此项活动，在他的"有朋自远方来，不亦乐乎"的欢迎辞中，活动拉开了序幕。此次交流活动分为讲课、说课、评课和交流四个环节。参与讲课的四位老师分别执教了《开天辟地》《黄山奇松》《麋鹿》和《黄鹤楼送别》，每一位老师都展现着自己独特的教学艺术和文学素养。扎实专业的教学功底、充满诗意的美好情境、优美简洁的语言表达和富有韵味的教态仪容，令学生和听课老师意犹未尽。尤其是朱雯文老师执教的《黄鹤楼送别》一课，更是令人陶醉，课后学生们经久不息的掌声就是最好的肯定和评价。该校朱阿娣老师用亲切热情的语言感染着每一个学生，对孩子们流畅的表达投出了赞许的目光，她对于《开天辟地》一课有着创新而深入的解读，以"开"字开题，并以"开"字结尾，前后呼应，彰显着神话故事的想象之美。

课后，徐茜、郭春霞、梁荣、吉钦利四位老师分别做了中肯的点评。尤其是梁荣老师精彩的点评把此项交流活动推向了高潮，"把家常课上成公开课，需要教育智慧，'心如止水，思若蝶舞'把学习的权利教给孩子，留给他们思维的时间和空间，体现语文课程的工具性和人文性。"她说到，作为年轻教师，更应该严谨、规范、准确，要敢于剖析自己，通过"磨课"来触碰自己的内心和灵魂深处。朱雯文老师的《黄鹤楼送别》一课的教学，就是一个华丽的转身，通过三次"磨课"，她逐渐成熟起来，把本节课讲得有温度、有厚度、有态度。工作室行政主持人吉钦利校长给大家推荐了一本书《情智教育十日谈》，希望每一位老师用情感和智慧来引导学生，做到以爱育人。

最后，茂陵学校王西武校长做了总结讲话，并谈到评课老师能够直言不讳说出课的优点和不足他很感动，名师团队向他们传递的不仅有教育理念，而且给予了各位老师科研的启发和思考，希望两个学校能够成为长期的合作伙伴。

此项活动的开展增进了两校的友谊，促进了彼此教育教研活动和校本研修的提升，小学语文梁荣工作室"阅读进校园活动"开展得如火如荼，希望能够辐射到更多的学校，使更多的一线教师能够更专业、更扎实、更精彩。

阅读，让每个孩子成为天使

2015 年 12 月 20、21 日，陕西省小语梁荣工作室成员一行四人受邀来到了素有"东南小邹鲁"之称的温州，参加第二届南方阅读论坛。来自全国 16 个省市的 500 多名听众，会聚在第十二中学的任岩松大礼堂，窗外是灿烂的冬日暖阳，室内被阅读燃起的激情更温暖人心。曹书德、闫学、蒋军晶、郭初阳、夏昆、高丽霞等名师与中小学教师、学生对话，传播美好的阅读理念，推广优秀的中小学阅读实践。

论坛伊始，《教师博览》社长方新田向与会专家与教育界朋友表示热烈的欢迎和感谢，并表示"我们怀着对阅读的敬意，努力举办好此次盛会。阅读是最值得赞美的事，我们对此次论坛有着很多幸福的期待"。

20 日上午，北京十一学校的曹书德老师，用其独具个性的见解与风趣幽默的语言做了《让阅读化为素养诉诸表达》主题讲座，他提出"让学生站在巨人的肩膀上""教师也应成为读写者""让爱读书的人得分高"等观点，他表示要给学生一直做一名私人定制的语文导师。来自杭州建新学校的闫学校长讲述了"爱丽丝"校本阅读课程，该校充满了幻想、匠心的"爱丽丝绘本馆"每天会带孩子走进"仙境（阅读）"，那里树木葱茏、安全惬意，是

无尘淡淡香

孩子们每天最想去的地方、去了就不想走的地方。当专家和听众对"北京十一学生是教出来的牛还是学生本来牛""绘本阅读和课本阅读异同"进行热烈讨论时，思维的碰撞使气氛一度达到高潮。

20日下午，杭州天长小学蒋军晶老师整本书阅读——日本作家椋鸠十的《岗丘的野狗》，让在场老师感叹"许久没有听到如此好的课了""许久没见过如此睿智敏捷的语文老师了"；北京亦庄实验小学的纪现梅老师的阅读课《邯郸学步》让白话文与文言文之间找到桥梁。在议课环节，对于"高气压老师地带和低气压学生地带"，纪老师做了真诚评述和自我反思，让听者不由不佩服名师的谦逊和自我剖析。

20日晚上7点，温州十一中阅读馆里座无虚席，近百位教师与山西人民路"小百合班"班主任高丽霞、北京阅读推广人哈爸进行了一场绘本的阅读推广沙龙活动。高老师用"读、写、绘"让孩子相信童话、自我创编，童谣展演，与全班93朵小百合相互"驯养"，在晨诵中积淀精神底色。哈爸从教育杂志编辑到绘本推广人到日进斗金的微店店主，告诉每位老师通过绘本培养好亲子关系、建设好家庭关系。

21日上午，雨后的空气格外清新。高丽霞老师绘本研讨课《安的种子》、越读馆郭初阳的《中学写作研讨课》投稿练习、成都中学夏昆老师《窗户前的守望者》，让与会教师又一次享受了精神盛宴。高老师极具亲和力的语言营造了融洽信任的关系，她声情并茂地讲述了《安的种子》，和学生讨论了本、静、安分别是怎样的孩子，更像生活中的谁，小诗歌"当你遇见一颗千年莲花种子，请享受每一个安然的等待"的结尾言尽意未了。

郭初阳的"越读馆"更像是一座巍峨的高山，他让学生用"编辑、读者、作者"三种角色体验写作，学生们自己发现的写作秘籍更为可信有效。他渊博的学识、温润的话语、犀利的思想、从容的状态、新颖的设计赢得了阵阵热烈的掌声。

"戴着帽子、留着胡子、抱着吉他"的夏昆老师做了名为《窗户前的守望者》讲座，这位摇滚范儿的高中语文老师，他创设的电影鉴赏课、音乐鉴赏课、诗歌鉴赏课。他大胆的观点——"我们的教育如同黑屋子，而他愿意是窗户前的守望者"引发了所有听者共鸣。最后，夏老师用略带沙哑却有穿透力的嗓音自弹自唱，当披头士 *Hey Jude* 响彻全场的时候，大家向这位大侠起立致敬，并且全场合唱，为此次论坛做了最华彩的结束。

此次论坛是一个致力于阅读推广的平台，旨在传播美好的阅读理念，架设作家、人文学者与中小学教师、学生对话的桥梁，这里闪耀着无数阅读点灯人的身影和智慧，也为小语梁荣工作室研究课题《培养第二、三段学生阅读素养的实验研究》做了一次高质量、高水准、高效率的研讨指导。

一颗星的光辉

——评梁荣老师《小王子》阅读交流课

马莹

　　《小王子》之所以能成为经典名著，是因其充满着理性与爱的光辉，能够帮助人们跳出被惯性与各种贪婪所掌控的生活来反观自己的内心：自己是否还不懂得爱？不懂得如何去爱？这样的作品，因其语言通俗，故事生动，对于儿童来讲不难了解其大意，但是其所使用的象征手法与其所通过人物对话所讨论的关于生命价值的思考，儿童难以单凭自己的能力去理解。梁荣老师正是抓住了作品阅读中这一难点问题，对书中几个人物形象所代表的现实人物进行讨论，引导儿童深入理解与体验小狐狸与小王子的几段对话，帮助儿童对作品进行更为深入的理解。

　　经典名著之所以会让人百读不厌，是因为每一次读它你都会有所收获、有所感悟。但这样的阅读必须建立在读者有一定水准的阅读品味与阅读能力之上。要阅读的初期就帮助儿童获得良好的阅读品味，形成一定的阅读能力，就要为儿童推荐高水准的文学作品，并使其学会怎样与作者进行对话。《小王子》一书最核心的思想是：爱是使生命具有意义的最宝贵的东西，人要学会爱也要学会等待并为爱负责。梁荣老师抓住了这一核心思想，通过引导学生理解最能表现这一核心思想的重点段落与词句，让语言所代表的思想与情感走进了儿童的心灵，使他们脑海中的奇怪的人物和似懂非懂的对话，变得有了意义，有了温度。书中的小狐狸对小王子说过一段话："你看见那边的麦田了吗？我不吃面包。麦子对我没有用。麦田不会使我产生任何记忆。这是很悲惨的呀！你有一头金黄色的头发。你要是驯化了我，那将是多么美好啊！麦子是金黄色的，让我想起了你。我喜欢麦子中间的风声……"梁老师在引导儿童理解这段话时，给儿童讲述了自己和好朋友之间的一段对话，顿时拉近了儿童与作品之间的感情距离。这正体现了教师、学生、作者三方对话在语文教学中的重要价值。

　　教师是儿童与作品之间的最重要的桥梁，梁老师的课不仅让《小王子》走进了儿童心中，也将作者对于爱的理性思考与浓浓情意注入了儿童心灵，这正是心灵培育的开始。梁荣老师的阅读交流活动，只是为我们揭起了其"阅读实验研究"的一角，更多内容与方式的阅读活动我们还没能都观摩到。但就是这小小的一角，已经让我们看到了小学语文阅读活动最重要的价值：用阅读滋养儿童的心灵。

　　梁老师通过阅读交流课，将《小王子》中的任务形象与其所承载的爱的意义与生命的价值深深刻到了儿童的记忆当中，也将名著阅读这颗能够生长出爱与智慧的种子播撒到了儿童的心里。培育心灵是教育的最高境界，小语梁荣工作室已经为我们展现了这样的教育实践追求的高度。可以预见，这种教育实践追求必将影响并引领更多的教师和学校不断提升教育层次，真正实现人的教育。

了解绘本 走近绘本 爱上绘本

——《隧道》教学设计 迟艺璇

《隧道》讲述的是一对总是争吵、令妈妈头疼的小兄妹，他们无意间发现一段神秘的隧道，喜欢探险的哥哥，马上爬了进去，胆小的妹妹等不到哥哥的回来，也只好钻进了洞口，而一条隧道，竟把她带到了另一片天地。开始妹妹特别害怕进入隧道，可为了去找哥哥，她战胜了自己。穿越"隧道"，就会发现很多隔阂是可以通过沟通消除的，"隧道"让孩子们懂得了沟通的重要性，在今后的成长中，面对亲情，不要犹豫，积极面对，就会享受到穿越"隧道"后的美妙情感。

教学目标：

1.师生共同分享一本书，了解一个故事；

2.关注图画的细节与故事情节之间的联系，感受绘本的图画魅力；

3.用心体悟故事流淌的爱与温馨。

教学重难点：

感受和理解兄妹之情

教学过程：

一、聊一聊

师：同学们，在我们的生命中，除了爸爸妈妈，一定还有这样的人，他们会和你一起给芭比娃娃换衣服，一起玩拼图游戏，两个人一起吵着要吃冰激凌；他会和你争动画片看，抢着吃盘子里的薯条。你的秘密，你的一切，都会有个人同你一起分享，而你永远不会担心，他会去泄密。这样的人可能是——

生分享

师：在这个世界上，我们除了有爸爸妈妈的爱，还有一种来自兄弟姐妹、同学伙伴的那份平等之爱。这个世界上，你永远不会孤独，因为你还有个伴儿。

那就让我们走进我们熟悉的老朋友——英国绘本大师安东尼·布朗的温情作品——《隧道》，看看带给我们怎样的感受？

二、听一听

（一）教师讲述：

师讲绘本

（二）总体感受：

师：故事不长，尽管情节简单，但是我从同学们的眼睛里看到了什么，故事中给你留下最深印象的是哪一处？

生谈

三、想一想

师：简单的情节、简单的语言，却让我们有了那么多丰富的影像。然而，作为绘本，文字说出了图画中无法表达的部分，而图画又扩充了文字未达的境地，两者交互作用。《隧道》就是一本充满了"魔力"而奇妙趣味无处不在的绘本。安东尼·布朗的画风并不唯美瑰丽，也并没有那种令人心驰神往的超凡想象，但是他笔端下脉脉温情的小细节却总能打动我们的心灵。请同学们再从头至尾看一看图画书，用心去阅读和发现它们。

生分享

画面的第1页，分成两个画格，分别画着长得并不俏丽、有点稍显老气的妹妹和交叉着双臂、傲慢的哥哥。画面酷似照片，精细之极，这是超现实主义画派最常见的一种表现手法了。这一页不能漏看的是两个孩子身后的背景。妹妹的身后是贴着花卉图案墙纸的墙壁，哥哥的身后是一面红砖墙，我们完全可以说这两个背景分别代表了女孩与男孩。

故事的开始就说哥哥和妹妹"一点也不像兄妹"。不像反映在他们的性格、爱好、脾气上：哥哥总是大大咧咧，爱运动，爱搞恶作剧；而妹妹胆小，喜欢看书，爱幻想。因为不像，他们经常会发生矛盾，互不相让。

第16页：穿着红色连帽外套的妹妹似乎也发现不对了，看，她明显加快了步伐。是的，是不对了，盘根错节的巨树变得扭曲起来，一种可怕的童话氛围正在弥漫开来：手指形状的树枝、篝火、斧头、树上垂下来的长绳子……

第 16 页和第 17 页两页合起来构成的一幅完整的图画——中景是两株虬干曲枝的老树，它们那怪异的造型非常吓人，一株的树干是呼之欲出的断臂熊，树根变成了一个伸着獠牙的野猪头。而另外一株，倚靠在树干上的则是一条伸着舌头、拄着拐杖的两人多高的狼，就是妹妹卧室墙上那幅画里的狼！这时妹妹的脸扭向了我们，那一双惊恐万分的眼睛透露出她已经吓坏了，她那个红色的身影都模糊起来。真的，这看起来就像是一个横移的长镜头，画面上没有一个文字，但我们似乎听到了妹妹的尖叫，似乎听到了巨树的鬼哭狼嚎。

师：为什么会将妹妹进入森林的场景大肆渲染？

生分享

第 20—21 页四连图：哥哥终于找到了，却变成了一块"石头"，妹妹用自己的一颗真挚的心去温暖哥哥，于是哥哥的身体从心的部位开始被妹妹的爱慢慢融化。当被唤醒的那一刻，哥哥内心的亲情意识也被唤醒了，终于体会到原来妹妹竟是这么的爱他。他出乎自然地抱着妹妹，意识到他有一个多么关心自己的好妹妹。

在哥哥被唤醒的同时，整个森林也被照亮了，不再黑暗了，与其说是妹妹的勇气和爱心照亮了森林，不如说是由于兄妹的齐心协力，相互支撑的力量使他们不再对黑暗感到害怕。

当困难被妹妹克服之后奇迹发生了，原来"画地为牢"般使哥哥不能动弹的石头圈竟然变成了美丽的像钻石一样的花环。妹妹那颗像钻石一样宝贵的心不仅暖化了哥哥，还温暖了世界。

师：这段隧道神奇吗？神奇在哪里？

生分享

四、写一写

师：于是读过这本书的人们，也用这样简单的语言，写下了这本书给自己带来的丰富的印象。本书的中文编辑崔维燕老师的阅读感言，读给大家听听——兄弟姐妹是天生的亲人，无法选择，也无可替代，不同个性的人，生活在同一个屋檐下，会遇到各种各样的问题，但关键时刻，他们永远是自己心里最在乎的人。你看，用简单的语言也能传递内心的感悟。也请你用简单的语言，甚至简单到一个词、一句话，表达出内心对这本书的感动吧。

生写并分享

五、悟一悟

师：同学们简单的表达，带给我们的竟然是这么多丰富的感动。好书，就是要让我们回味一生的！最后，我们带着各自的感受，再一起来完整地欣赏这本书。（课件播放，整体回味这本书部分插图和提升的语言，学生在音乐中静静阅读品味。）

师：画面让故事别开生面，别有洞天，此时，画面定格在这里，我相信，兄妹俩那凝望的眼神一定会告诉我们，未来的生活一定是平静而又幸福的。记住，在这个世界上有一种爱叫手足情深。

【课后评析】

这是一场探险游戏、一种心的沟通、一次别样的经历、一颗温情的种子。老师深度解读了绘本，所以孩子们在听老师朗读时，似真似幻，紧张地蒙住双眼却又想分开指缝一探究竟。当面对猜测、焦虑、惶恐的时候，怎样战胜恐惧、消除隔阂？老师给出了最好的答案——穿越隧道。尤其是这本书的环衬，就是露丝勇敢的穿越。老师重点和学生共读了三幅配图：露丝的卧室，充斥着各种怪物、野兽、幽灵的隧道和森林，从石头到身体的变化。揭示了绘本核心：面对亲情，或者爱情、友情危机时，不要犹豫，积极面对。

老师的节奏是静静地讲、慢慢地看、细细地想，将儿童的观察、猜测、想象、表达融为一体，在悬念的地方引起阅读期待，在"会心的笑"时候引起阅读共鸣。儿童在追逐情节、欣赏画面、感受氛围中来来回回，缓急与张弛的节制与调度，让孩子对作品的欣赏更加顺畅而充分。

心与路

"路漫漫其修远兮，吾将上下而求索。"时逢端午，屈子所叹，千古吟诵。所叹者，是漫漫修远的路，是上下求索的心。

同声相应，德合相亲。

我的路，是教师之路；我的心，是育人之心。我的心选择了自己的路，也用心走着自己的路。

掩卷停笔，回味着每一页的承载，回望着每一丝的甘苦。在学生的笑语里，置己身于灿烂芬芳的桃李之林，在无数个繁忙的日子里，用心血和汗水，印证自己的梦想实现之旅。

心中有梦，路在脚下。

2006年9月，博客开园。起初只是为了给散落的文字找一个可以妥妥安放的地方，可以记录每天的课堂，每天不一样的心境，每节课后的喜怒哀愁。总之，憋着是一件很烦闷的事儿。

博客的取名来自一杯茶的启示。"茶"的字形是人在草木之间，茶道的最高境界是天人合一。如果，每天早晨可以把阳光放在茶叶里，令一盏香茶隐隐滑升，一种馥郁会缭绕在舌尖，在鼻息里，就能让人一天身心柔软、宁静、从容。如若把人世比作那滚烫的水、人如茶叶，那么，在开水的煎熬下，茶叶逐渐舒展，散发着清香，经过开水煎熬后的茶叶依然是茶叶，而清淡的水却变成了一杯浓郁香醇的茶，煎熬最后会变成一种成全。

信手写下两行打油诗——千番煎焙淬心魄，绽得无尘淡淡香。就此，开始了十年的记录生活。

第一次得到博友"在路上"的评论，第一次看到点击量骤然超过100，第一次和"风过杨柳岸"探讨一年级小学生的阅读习惯，第一次闯进"南木（陈琴）""枫叶荻花（闫学）""自在乾坤（张祖庆）""镇西茶馆（李镇西）"……

这些没有功利的经历总是让我心潮澎湃，也让"自留地"有来自远方的清泉渗入、浸透。

一天记下一点点。收获了来自"守望麦田"对每一篇的细读品析，并赋诗一首，"博客无意去彷徨，茗茶有缘心徜徉。文辞酿蜜春生波，诗魂化蝶梦断肠。一支粉笔抒人生，三尺讲台创辉煌。秋鸿有信来无痕，幸会无尘淡淡香。"同时，也与众多小语人在思考实践中前行，得到了陈琴老师"思行合一"的评价。感谢自己随手记录的习惯，感谢这些在路上给予继续下去动力的博友，无论是"名师大家"还是"乡村无声"。这里，是我的"培训仓库"，走到县区、薄弱学校，采撷适合主题的教学故事；这里，是我的"风采展台"，学生的得意之作、课堂灵光乍现的教学设计；这里，是我的"倾吐医师"，情绪化作文字，瞬间得到平复。

幼稚的书稿让我的导师冉胜利主任和马莹博士先阅读。其实，内心里满是羞惭，林林总总、方方面面。没想到，两位老师都是放下手头的工作，把通读拙劣的书稿当作了第一时间做的第一件事，并写下了《梁荣的价值，不只是阐释语文老师的幸福感》《时间用在哪里，掌声就在哪里》。泪目中读完，原来自己做的那样一点点的小事，在他们看来竟然是吻合教育规律、有情怀、有情义、有志向、有毅力的一件件大事。我骄傲，我是小学语文老师！我骄傲，我的弟子们无论何时何地，都记得启蒙老师在春日夏风秋雨冬雪中和他们一起读书、一起习字、一起度过童年最美的时光……

十年，走过激情满怀、尴尬失落、课改求索、沉静归净的路程。十年过去，下一个十年呢？只愿一丛紫藤花瀑布下，一张竹椅、一盏清茶、一本散发着墨香的书，岁月静好，教书、读书、写书……

追梦依然。

梁荣
2016 年初夏于咸阳